Chocolate

Chocolate

Primera edición: octubre de 2015

© 2015, Sandra Mangas (textos y fotografías)
© 2015, de la presente edición en castellano para todo el mundo:
Penguin Random House Grupo Editorial, S.A.U.
Travessera de Gràcia, 47-49. 08021 Barcelona

Printed in Spain – Impreso en España

ISBN: 978-84-03-50076-1
Depósito legal: B-16062-2015

Diseño: Penguin Random House Grupo Editorial /Meritxell Mateu
Impreso en Orymu Artes Gráficas, S.A. Pinto (Madrid)

AG00761

Penguin
Random House
Grupo Editorial

Chocolate

★ Sandra Mangas ★

AGUILAR
· OCIO ·

Mousse de chocolate y violetas (p. 36)

Índice

EL DINERO
NO PUEDE COMPRAR
LA FELICIDAD,
PERO SÍ CHOCOLATE,
QUE VIENE A SER
LO MISMO

CONCEPTOS Y TÉCNICAS

➯ *El chocolate*

El chocolate es un alimento que se obtiene mezclando pasta de cacao, manteca de cacao y azúcar en distintas proporciones. A partir de esta combinación básica y agregando otros ingredientes como leche, frutos secos o aromas se obtienen los distintos tipos de chocolate que conocemos.

El ingrediente principal del chocolate es por tanto el cacao y su calidad dependerá en gran medida de la calidad del mismo, siendo el criollo el mejor. Producto originario de América, el cacao inicialmente se utilizaba como moneda y se consumía como bebida (*xocolatl),* mezclándolo con agua, miel y otras especias como chile. A España llegó gracias a Hernán Cortés y fue en la Corte española donde se popularizó el chocolate, que se consumía mezclando cacao con azúcar, vainilla, canela y pimienta. De España posteriormente pasó al resto de Europa.

El proceso de transformación del cacao en chocolate tal y como lo conocemos actualmente incluye distintas fases:

• Fermentación
• Secado
• Torrefacción
• Prensado, del que se obtiene la pasta de cacao y la manteca de cacao
• Mezclado
• Refinado
• Conchado

➯ *La manteca de cacao*

Es la materia grasa del haba de cacao. Puede comprarse en gotas y añadirse al chocolate en una proporción del 10%-15% del peso total del chocolate para darle más fluidez.

➠ *Tipos de chocolate*

• **Chocolate blanco:** solo contiene manteca de cacao (en torno al 20%), azúcar, leche en polvo, algún emulsionante (como lecitina de soja) y aroma, generalmente vainilla. Su color claro se debe a que no contiene polvo o pasta de cacao, solo la manteca.

• **Chocolate con leche:** contiene un mínimo de un 25% de cacao, azúcar, leche en polvo, emulsionante y aroma.

• **Chocolate negro:** contiene únicamente cacao (pasta, polvo y manteca) y no lleva leche, a diferencia de los anteriores. El porcentaje de cacao total suele oscilar entre el 55% y el 99%, y a mayor porcentaje de cacao, mayor será su calidad. El 99% es el máximo porque para poder usar la denominación "chocolate" es preciso que lleve azúcar, que en este caso sería el 1% restante. En el libro se sugiere un porcentaje de cacao para cada receta pero, por supuesto, puede variarse con libertad según el gusto del cocinero.

• **Chocolate rubio o Dulcey®:** lo creó el chef Frédéric Bau, de Valrhona, por error al dejar al baño maría durante demasiado tiempo un chocolate blanco. El chocolate rubio tiene un color dorado, textura untuosa y un sabor que recuerda al caramelo y las galletas tostadas.

➠ *La cobertura de chocolate (o chocolate de cobertura)*

Es un tipo de chocolate de buena calidad, con al menos un 31% de manteca de cacao. Este alto porcentaje de manteca de cacao, combinado con un buen atemperado, le proporciona al chocolate un mayor brillo y crujido al romperse y le da una textura más cremosa. Se utiliza a nivel profesional y en repostería. En las recetas de este libro, siempre que hagamos mención al "chocolate" nos estaremos refiriendo a chocolate de cobertura. En supermercados se encuentra con facilidad de las marcas Nestlé y Valor (con la denominación de "postres"). A nivel profesional, mis marcas favoritas son Valrhona y Callebaut, que pueden encontrarse en tiendas de repostería.

➼ *Fundir chocolate*

El paso previo para poder trabajar con chocolate en casi todas las recetas del libro pasa por el fundido. Se trata de una operación sencilla que requiere ciertas precauciones. Para fundir chocolate podemos optar por dos métodos:

• **Baño maría:** troceamos el chocolate con un cuchillo de sierra (si está en gotas no es necesario este paso), ponemos el chocolate en un recipiente, llenamos una cacerola con agua caliente hasta la mitad y lo calentamos a fuego medio, sin que el agua llegue a hervir. Colocamos encima el recipiente con el chocolate dentro y removemos hasta que el chocolate esté fundido. Es muy importante que no caiga ninguna gota de agua en el chocolate, porque se estropearía.

• **Microondas:** para mí es el método recomendado, por su sencillez y comodidad. Comenzamos troceando el chocolate y lo ponemos en un bol apto para microondas, preferiblemente de plástico, ya que no se calienta y hace que el fundido sea más uniforme. Calentamos el chocolate 30 segundos. Retiramos del microondas, removemos y volvemos a calentar otros 30 segundos. Repetimos el proceso hasta que el chocolate se derrita por completo.

➼ *Templar el chocolate (o atemperar)*

El propósito de templar el chocolate es recristalizar de manera estable la manteca del cacao presente en el chocolate. La manteca de cacao es caprichosa y una vez fundida, no logra alcanzar por sí misma una forma cristalina estable. Por eso es necesario hacer pasar al chocolate por un ciclo de temperaturas (la denominada curva de atemperado) que hace que la manteca, el único elemento del chocolate que cambia de estado durante el fundido, vuelva a ser estable tras endurecerse.

Los chocolates que compramos vienen atemperados de fábrica. Si se funde el chocolate y se deja endurecer de manera normal, no tendrá brillo, presentará manchas blanquecinas, no crujirá al partirlo y se fundirá nada más tocarlo con los dedos. Por tanto, es necesario atemperar no solo por una cuestión estética, sino por tacto y textura, ya que el atemperado logra que el chocolate sea crujiente y se funda en la boca, y no en la mano. Además, gracias al templado se produce el "encogimiento" del chocolate, lo que facilita enormemente el desmoldado de las piezas, si estamos elaborando bombones, por ejemplo, o figuras de chocolate.

Una vez convencidos de los beneficios del atemperado o templado del chocolate, vamos a pasar a ver cuál es la curva de temperatura adecuada, que variará en función del tipo de chocolate. En el caso de los chocolates profesionales, en el envase se indica la curva de temperatura adecuada para cada chocolate. Para el resto, tomaremos como referencias estas temperaturas:

• **Chocolate negro:**   50/55º C - 28/29º C - 31/32º C
• **Chocolate con leche:**   45º C - 27/28º C - 29/30º C
• **Chocolate blanco:**   45º C - 26/27º C - 28/29º C

Ahora la pregunta es: siempre que trabajamos con chocolate ¿es necesario atemperarlo? La respuesta es no. Tendremos que atemperar cuando vayamos a moldear chocolate (por ejemplo, para hacer huevos de pascua), bañar o para hacer bombones. Es decir, siempre que haya que desmoldar y el chocolate deba tener un brillo perfecto y estar crujiente al morder. Cuando se añade a otras preparaciones solo para dar sabor y aroma –bizcochos, galletas, mousses–, basta con fundirlo, no es necesario atemperarlo. Vamos a ver ahora los diferentes métodos de templado o atemperado:

➡ Templado en mesa
(utensilios necesarios: termómetro de cocina y espátulas para chocolate)

Fundimos el chocolate por alguno de los métodos descritos anteriormente, hasta que haya alcanzado las siguientes temperaturas:

- **Chocolate negro:**   50-55º C
- **Chocolate con leche:**   45º C
- **Chocolate blanco:**   45º C

Vertemos dos terceras partes del chocolate fundido en una mesa de mármol (vale Silestone o similar) y reservamos el chocolate restante. Con una espátula, vamos moviendo constantemente el chocolate en la mesa, hasta que alcance las siguientes temperaturas:

- **Chocolate negro:**   28-29º C
- **Chocolate con leche:**   27-28º C
- **Chocolate blanco:**   26-27º C

Hay dos claves en el proceso de atemperado: tanto el movimiento como alcanzar la temperatura correcta en cada paso. Es decir, no basta con alcanzar las temperaturas indicadas, tiene que haber movimiento para que se formen cristales estables. Añadimos el chocolate de la mesa al que habíamos reservado previamente y removemos. La temperatura deberá ser de:

- **Cobertura negra:**   31-32º C
- **Chocolate con leche:**   29-30º C
- **Chocolate blanco:**   28-29º C

Si es ligeramente más baja, podemos meterlo unos segundos en el microondas. Si es levemente más alta podemos verter de nuevo una parte en la mesa y trabajarlo para bajar la temperatura. En caso de duda sobre si el chocolate está bien atemperado, podemos cortar un cuadradito de papel de hornear, sumergir la punta en el chocolate y ver si atempera con rapidez (entre 1-3 minutos, dependiendo de la temperatura ambiente) y si está brillante y uniforme y cruje al partirlo. Para mantener la temperatura del chocolate podemos utilizar un secador de pelo con el objeto de calentar ligeramente el chocolate.

➡ *Templado por siembra (utensilios necesarios: un termómetro de cocina)*

Dividimos el chocolate que vayamos a fundir en 4 partes y reservamos 1 parte en un cuenco. Fundimos tres cuartas partes del chocolate por alguno de los métodos descritos anteriormente, hasta que haya alcanzado las siguientes temperaturas:

• **Chocolate negro:**   50-55º C
• **Chocolate con leche:**   45º C
• **Chocolate blanco:**   45º C

De ese chocolate fundido apartamos un tercio en otro cuenco y lo reservamos.

Añadimos a los dos tercios de chocolate fundido restantes el chocolate sin fundir que habíamos reservado al principio y removemos hasta que alcance las siguientes temperaturas:

• **Chocolate negro:**   28-29º C
• **Chocolate con leche:** 27-28º C
• **Chocolate blanco:**   26-27º C

Añadimos ahora poco a poco el chocolate caliente que habíamos reservado previamente y removemos. La temperatura deberá ser de:

• **Cobertura negra:**   31-32º C
• **Chocolate con leche:** 29-30º C
• **Chocolate blanco:**   28-29º C

Este es mi método favorito para atemperar por su sencillez, ya que apenas se mancha la superficie de trabajo. Si el chocolate ha alcanzado la temperatura adecuada y quedan trozos sin derretir, los retiraremos, puesto que si no la temperatura del chocolate bajaría demasiado.

➡ *Templado con Mycryo®*
(utensilios necesarios: termómetro de cocina, colador y Mycryo)

El Mycryo es un producto desarrollado por Callebaut con múltiples usos en cocina. Se trata de manteca de cacao criogenizada. Puede adquirirse en comercios especializados y tiendas de repostería. Uno de sus usos es el templado de chocolate.

Comenzamos como siempre fundiendo el chocolate por alguno de los métodos descritos anteriormente, hasta que haya alcanzado las siguientes temperaturas:

• **Chocolate negro:**   50-55º C
• **Chocolate con leche:**   45º C
• **Chocolate blanco:**   45º C

Dejamos enfriar el chocolate a temperatura ambiente hasta alcanzar las siguientes temperaturas:

- **Chocolate negro:**   34-35º C
- **Chocolate con leche:** 33-34º C
- **Chocolate blanco:**   33-34º C

Mientras el chocolate enfría, pesamos un 1% de Mycryo del peso total del chocolate (es decir, 10 g por cada kilo de chocolate). Pasamos el Mycryo por un colador, para eliminar los gránulos demasiado grandes, que no se fundirían bien.

Una vez alcanzada la temperatura indicada, añadimos la manteca Mycryo al chocolate y removemos bien, hasta que esté completamente disuelta y se alcancen estas temperaturas:

- **Chocolate negro:**   31-32º C
- **Chocolate con leche:** 29-30º C
- **Chocolate blanco:**   29-30º C

➥ *Templado con microondas (utensilios necesarios: microondas)*

No es un método ortodoxo ni exacto como el resto, sino más bien de andar por casa. Sin embargo, para todas aquellas personas que no tengan termómetro de cocina, funciona bastante bien, es cómodo, rápido y limpio. Es una especie de atemperado por siembra, pero sin controlar la temperatura con un termómetro.

Ponemos el 75% del chocolate que vayamos a fundir y lo fundimos en el microondas tal y como se ha descrito anteriomente. Una vez fundido, retiramos del microondas y añadimos el 25% del chocolate restante, muy troceado. Removemos hasta que se haya disuelto completamente y usamos el chocolate de inmediato. Recordad que para atemperar son tan importantes las temperaturas como el movimiento; es decir, no basta con añadir chocolate sin fundir para bajar la temperatura: es necesario remover hasta que se disuelva.

Además de estos métodos, existe el templado mecánico o templado por máquina que se usa profesionalmente, donde el proceso de atemperado lo realiza una máquina que además mantiene el chocolate a las temperaturas de trabajo adecuadas.

Recordad que las temperaturas de atemperado son aproximdadas ya que pueden variar según el fabricante del chocolate. Se recomienda seguir las instrucciones del envase como primera opción, y si no, guiarse por las temperaturas indicadas en este libro.

➡ *Moldear el chocolate*

Es la técnica utilizada para bombones o figuras de chocolate. Fundimos y atemperamos el chocolate, rellenamos completamente el molde (o moldes), para que toda la superficie quede cubierta, y volcamos el molde sobre un cuenco amplio, con el objeto de eliminar el exceso de chocolate. Le damos la vuelta al molde y con una espátula limpiamos la superficie retirando el chocolate sobrante. Dejamos cristalizar en el frigorífico o a temperatura ambiente antes de desmoldar golpeando ligeramente el molde contra la superficie de trabajo.

Al enfriarse, el chocolate se contrae, por lo que la capa debe ser sólida y gruesa, sobre todo cuando se usan moldes grandes, así que puede resultar necesario repetir el proceso.

Para pegar dos mitades de una figura debemos colocar cada mitad sobre una bandeja caliente durante unos segundos e inmediatamente unir ambas partes. Después presionaremos levemente y aguantaremos unos segundos hasta que ambas mitades queden unidas.

Para tocar el chocolate y no dejar huellas lo mejor es utilizar guantes de vinilo. Los moldes pueden limpiarse con algodón y alcohol de 90º C.

➡ *Bañar en chocolate*

Es una técnica que consiste en recubrir un relleno de bombón, una galleta, un bizcocho o un pastel con una capa fina de chocolate atemperado. Para ello, si son piezas pequeñas las pinchamos en un tenedor (especial para sumergir en chocolate, o uno normal) y las sumergimos en el chocolate. Damos unos golpecitos para eliminar el chocolate sobrante y las colocamos sobre una bandeja forrada con papel de hornear, retirando delicadamente el tenedor.

Si son piezas grandes, como un bizcocho o una tarta, lo colocamos sobre una rejilla de tamaño ligeramente inferior al bizcocho o tarta, encima de un papel de hornear. Vertemos la cobertura sobre la superficie, procurando que quede cubierta por completo. El chocolate sobrante irá cayendo sobre el papel de hornear. Si queda alguna zona sin cubrir empleamos el chocolate que va deslizándose sobre el papel de hornear para volver a bañar.

➥ Transfer para chocolate

Se trata de una hoja de acetato en la que se imprimen con manteca de cacao y colorantes diferentes dibujos o motivos. Se encuentra en tiendas de repostería y su uso es muy sencillo: basta con poner chocolate atemperado fundido sobre el transfer y dejar que se solidifique. Al despegarlo el dibujo se transfiere al chocolate.

➥ Ganache de chocolate

Un ganache está formado por un chocolate y un líquido. Se utiliza para recubrir bizcochos y tartas (suele denominarse glaseado en este caso) y también como relleno de bombones.

➥ Conservación del chocolate

La temperatura ideal para conservar chocolate va de los 12º C a los 20º C, y siempre hay que mantenerlo lejos de toda fuente de calor y humedad. Lo mejor es guardarlo en su embalaje original, protegido de olores, ya que el chocolate los absorbe con gran facilidad. Si no fuese posible, una solución es guardar el chocolate dentro de un recipiente hermético.

En épocas de mucho calor o cuando tiene rellenos que necesitan frío, a veces no queda más remedio que conservar el chocolate refrigerado. Para ello mantendremos el chocolate en un recipiente hermético y lo sacaremos del frigorífico antes de degustarlo, para que alcance la temperatura ideal de degustación: en torno a los 20º C.

EL CHOCOLATE VIENE DEL CACAO, QUE ES UNA PLANTA. POR LO TANTO CUENTA COMO VERDURA

PARA PRINCIPIANTES

Caracolas fáciles de crema de cacao y avellanas

Ingredientes

(para 4 caracolas)

- 1 lámina de hojaldre
- 200 g de crema de cacao y avellanas
- 1 huevo batido

Preparación

Precalentamos el horno a 180º C y forramos una bandeja de horno con papel de hornear.

Extendemos la lámina de hojaldre y la cortamos en 4 tiras a lo largo. Con una manga pastelera, ponemos un poco de crema de cacao y avellanas en el centro de cada tira de hojaldre. Enrollamos la tira longitudinalmente para cubrir la crema, con el cierre hacia abajo, y al mismo tiempo la enrollamos sobre sí misma para formar una espiral. Vamos depositando las caracolas sobre la bandeja de horno que hemos preparado previamente.

Pincelamos con huevo batido y horneamos durante 15-20 minutos hasta que estén doraditas. Retiramos del horno y dejamos enfriar unos minutos antes de servir. También pueden consumirse frías.

Tarta rústica de hojaldre, chocolate y avellanas

Ingredientes
(para un molde de 15 cm)

- 1 lámina de hojaldre
- 50 g de mantequilla fundida
- 75 g de avellanas
- 150 g de chocolate de cobertura (55%-70% de cacao)

Para el almíbar:
- 50 ml de agua
- 100 g de azúcar

Preparación

Forramos un molde redondo con papel de hornear. Precalentamos el horno a 170º C. Extendemos la lámina de hojaldre y la pincelamos con mantequilla fundida.

Aparte, troceamos el chocolate con las avellanas y lo distribuimos por la superficie del hojaldre. Enrollamos el hojaldre a lo largo, como si fuese un brazo de gitano, y con un cuchillo afilado lo cortamos por la mitad longitudinalmente. Enrollamos las dos mitades entre sí formando una trenza y lo giramos sobre sí mismo para conseguir una espiral, dándole forma redondeada de modo que se adapte al tamaño del molde.

Horneamos la tarta unos 25 minutos. Mientras tanto preparamos el almíbar; para ello ponemos el agua y el azúcar en un cuenco al fuego y dejamos hervir 2 minutos,

Cuando saquemos la tarta del horno, la bañamos en el almíbar y la dejamos enfriar ligeramente antes de degustar templada.

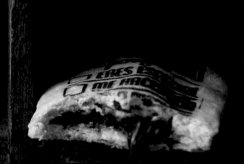

RAZONES POR
LAS QUE TE MERECES
ESTE REGALO
porque

☐ ERES ESPECIAL

☐ ME HACES REÍR

☐ TE LO MERECES

☐ ERES GENIAL

Empanadillas fáciles de crema de cacao y avellanas

Preparación

Precalentamos el horno a 180º C. Extendemos las láminas de pasta brisa y las cortamos en 6 rectángulos cada una (tendremos 12 en total).

Con colorante alimentario marrón y una esponja, damos color a nuestro sello elegido y lo presionamos con cuidado sobre 6 rectángulos de pasta brisa. Habrá que repetir el proceso antes de cada impresión, para que quede perfecto.

En el resto de los rectángulos, distribuimos una tira de crema de cacao y avellanas con ayuda de una manga pastelera. Pincelamos los bordes de la masa con agua y colocamos encima las mitades que hemos estampado con los sellos previamente.

Horneamos unos 15 minutos, dejamos enfriar y servimos de inmediato.

Ingredientes
(para 6 unidades)

- 2 láminas de pasta brisa
- 150 g de crema de cacao y avellanas

Para decorar (opcional):
- Colorante alimentario marrón
- Sellos

Tarta fácil de chocolate sin huevos ni lácteos

Ingredientes

(para 1 tarta de 20×30 cm, unas 12 personas)

Para el bizcocho:
- 1 $^1/_2$ taza harina normal
- 3 cucharadas soperas de cacao puro en polvo
- 1 taza de azúcar
- 1 cucharadita de bicarbonato sódico
- Una pizca de sal
- 5 cucharadas de aceite de girasol
- 1 cucharadita de vainilla en pasta
- 1 cucharadita de vinagre
- 1 taza de agua

Para la cobertura de chocolate:
- 200 ml de agua
- 2 cucharadas rasas de maicena (20 g)
- 250 g de chocolate negro (sin leche) troceado

Preparación

Precalentamos el horno a 180º C y comenzamos a preparar el bizcocho.

Disponemos los ingredientes secos –cacao, azúcar, harina, bicarbonato sódico y sal– en la bandeja de hornear (de 20x30 cm) y mezclamos hasta que estén integrados. Con el dedo hacemos tres huecos en la mezcla: en uno vertemos el aceite, en otro la vainilla y en el último el vinagre. Sobre el conjunto vertemos la taza de agua y removemos con cuidado con una cuchara hasta integrar los ingredientes.

Horneamos unos 20-25 minutos (si utilizamos una bandeja más pequeña habrá que incrementar el tiempo hasta 30-35 minutos). Retiramos del horno y dejamos enfriar el bizcocho.

Mientras, preparamos la cobertura. Mezclamos el agua y la maicena, removiendo hasta que no queden grumos. Ponemos a calentar esta mezcla en un cazo a fuego medio-bajo. Añadimos el chocolate troceado y removemos sin cesar hasta que esté totalmente fundido.

Retiramos del fuego, removemos un poco para templar y vertemos sobre el bizcocho que habíamos preparado con anterioridad. Dejamos en el frigorífico hasta que se solidifique la cobertura de chocolate (varias horas o de un día para otro).

Conservamos la tarta en el frigorífico hasta su consumo, tapada con papel film para que no coja olores; preferiblemente la sacamos 15-30 minutos antes de tomarla, aunque no es imprescindible. En el momento de servir decoramos con ayuda de una plantilla, o podéis imprimir una imagen que os guste en una cartulina o un folio y recortarlo. Para decorar, simplemente colocamos la plantilla sobre la tarta y con un colador espolvoreamos azúcar glas hasta cubrir todos los huecos. Retiramos la plantilla y servimos.

LLEVA
UNA DIETA
EQUILIBRADA:
UN TROZO
DE CHOCOLATE
EN CADA MANO

DE CUCHARA

Chocolate con churros

Ingredientes
(para 6 personas)

Para el chocolate caliente:
- 1 litro de leche
- 250 g de chocolate
  (55% de cacao)
- 15 g de maicena
- 100 g de azúcar

Para los churros:
- 1 taza de agua
- 1 taza de harina
- Una pizca de sal
- Aceite de oliva virgen extra
  para freír
- Azúcar para espolvorear

Equipamiento opcional
para decorar:
- Churrera o manga pastelera
  con boquilla de estrella

Preparación

Troceamos el chocolate y diluimos la maicena en un vaso de leche fría. Ponemos en un cazo la leche restante con el azúcar. Cuando llegue a ebullición, bajamos a fuego medio, añadimos el chocolate troceado y removemos hasta que esté disuelto. Es muy importante no parar de remover en ningún momento. Una vez que el chocolate se ha disuelto, agregamos el vaso de leche con la maicena diluida y removemos hasta que espese a nuestro gusto; hay que tener en cuenta que a medida que se vaya enfriando espesará bastante más.

Preparamos los churros. En un cazo llevamos a ebullición el agua con la sal. Retiramos del fuego y añadimos la harina de golpe. Mezclamos hasta formar una masa.

Ahora ponemos a calentar el aceite en una sartén. Vamos rellenando nuestra churrera con la masa y apretamos para sacar porciones de churro. Cuando el aceite esté caliente, comenzamos a freírlos, con cuidado de que se doren por fuera y queden bien hechos por dentro. Los vamos depositando sobre papel de cocina para absorber el exceso de grasa y rebozamos en azúcar antes de servir, junto con el chocolate bien caliente.

Crema de cerveza negra y chocolate

Ingredientes
(para 6 personas)

Crema de chocolate y cerveza negra:
- 400 ml de nata para montar (35% de MG)
- 100 ml de cerveza negra
- 100 g de azúcar
- 25 g de cacao puro en polvo (opcional)
- 350 g de chocolate negro troceado

Nata semimontada:
- 200 ml de nata para montar (35% de MG) muy fría
- 2 cucharadas de azúcar

Preparación

Ponemos a hervir en un cazo la nata con la cerveza y el azúcar, removiendo de vez en cuando. Cuando hierva, retiramos del fuego, agregamos el cacao en polvo si lo vamos a usar y disolvemos bien. Añadimos el chocolate troceado y dejamos reposar 5 minutos para que se funda. Removemos hasta obtener una crema homogénea y repartimos en 6 jarras de cerveza, dejando un dedo en la parte superior sin rellenar. Llevamos al frigorífico y dejamos solidificar, mejor de un día para otro.

Antes de servir, decoramos con nata semimontada. Para ello, con un batidor de varillas a velocidad máxima montamos 200 ml de nata con 2 cucharadas de azúcar, pero sin que llegue a estar dura; con que esté semimontada (como espuma) es suficiente. Repartimos la nata sobre las jarras con la crema de chocolate y servimos de inmediato.

Pannacotta de chocolate

Ingredientes
(para 6 personas)

- 50 ml de agua
- 1 cucharadita y media de gelatina en polvo (7 g)
- 350 ml de nata
- 150 g de azúcar
- 50 g de cacao

Preparación

Ponemos la gelatina en el agua y reservamos. Disponemos el resto de ingredientes en un cazo y llevamos a ebullición, removiendo constantemente. Cuando hierva la mezcla, retiramos del fuego y mezclamos la gelatina que habíamos reservado previamente, removiendo hasta disolverla del todo.

Repartimos la mezcla en 6 moldes y conservamos en el frigorífico al menos 24 horas.

Para desmoldar la pannacotta sumergimos el molde 10 segundos en agua caliente y pasamos un cuchillo por el borde, antes de darle la vuelta sobre el plato en el que lo vayamos a servir.

Chocoflan

Comenzamos precalentando el horno a 160º C e introduciendo una bandeja con agua caliente para preparar el baño maría, y empezamos a preparar la capa de bizcocho de chocolate. Fundimos el chocolate troceado y la mantequilla en el microondas y reservamos.

En un bol amplio ponemos los huevos con el azúcar y los mezclamos con un batidor de varillas. Añadimos la crema de chocolate y removemos hasta integrar. Agregamos la harina, el cacao y la levadura y mezclamos bien con ayuda de una espátula. Vertemos la masa en el molde y reservamos.

Preparamos la capa de flan; para ello simplemente mezclamos todos los ingredientes con la batidora. Acto seguido la vertemos sobre la capa del bizcocho de chocolate. En el horno, a causa de las diferentes densidades, se invertirán las capas.

Tapamos el molde con aluminio y horneamos al baño maría en torno a 1 hora. Sacamos del horno y dejamos enfriar a temperatura ambiente y posteriormente en el frigorífico.

Por último preparamos el baño de chocolate. Ponemos un cazo al fuego y llevamos la nata a ebullición. Cuando hierva, retiramos del fuego, agregamos el chocolate troceado y removemos hasta que se disuelva. Añadimos por último la mantequilla y removemos nuevamente hasta obtener un ganache liso y brillante.

Finalmente, desmoldamos el chocoflan y lo bañamos con la cobertura de chocolate. Dejamos en el frigorífico hasta su consumo.

Ingredientes
(para un molde redondo de 20 cm)

Para el bizcocho de chocolate:
- 100 g de chocolate negro (55% de cacao)
- 150 g de mantequilla
- 3 huevos
- 150 g de azúcar
- 100 g de harina
- 25 g de cacao puro en polvo
- 1 cucharadita de levadura química

Para el flan:
- 400 ml de leche
- 400 g de leche condensada
- 200 g de queso de untar
- 4 huevos

Para la cobertura:
- 200 g de chocolate negro de cobertura (55% de cacao) troceado
- 200 ml de nata para montar (35% de MG)
- 50 g de mantequilla

Mousse de chocolate y violetas

Ingredientes

(para 6 personas)

- 125 g de chocolate (mínimo 60% de cacao)
- 50 g de mantequilla
- 3 yemas de huevo
- 40 g de azúcar
- 3 claras de huevo
- 1 cucharadita de pasta de violetas

Para decorar:
- Viola Star comestible, hojas de hierbabuena o menta
- Galletas Oreo en polvo

Preparación

Fundimos el chocolate troceado y la mantequilla en el microondas. Agregamos las yemas de una en una, después la pasta de violeta y mezclamos bien. Reservamos.

Aparte, con un batidor de varillas comenzamos a montar las claras. Cuando empiecen a espumar, vamos incorporando el azúcar poco a poco, para que no se bajen las claras. Seguimos batiendo hasta obtener un merengue firme.

Añadimos una cucharada de las claras a la mezcla de chocolate que habíamos reservado anteriormente y mezclamos con movimientos envolventes. Agregamos el resto de las claras y continuamos mezclando despacio, con cuidado para que no bajen mucho las claras. Repartimos la mousse en minimacetas y la dejamos en el frigorífico hasta el día siguiente.

Antes de servir, decoramos la mousse con galletas Oreo trituradas a modo de "tierra" y pinchamos unos tallitos de hierbabuena o menta y flores comestibles, tipo Viola Star.

Nota

La pasta de violeta puede encontrarse en tiendas de repostería, de la marca Home Chef. Las flores comestibles están disponibles online en sitios como florescomestibles.com

PODRÍA DEJAR *el chocolate,* → PERO NO SOY ← DE LAS QUE ABANDONAN

GALLETAS

Cookies de tres chocolates

Ingredientes

(para 20 unidades aprox.)

- 200 g de azúcar moreno
- 175 g de mantequilla fría cortada en cuadraditos
- 1 cucharadita de extracto de vainilla
- 1 huevo
- 300 g de harina
- 1 cucharadita de bicarbonato sódico
- Una pizca de sal
- 1 taza de chips de chocolate blanco, con leche y negro

Preparación

Precalentamos el horno a 180º C. Mezclamos en un bol todos los ingredientes salvo los chips de chocolate. Cuando esté todo amasado, añadimos los chips y mezclamos para que queden bien repartidos por la masa.

Hacemos bolitas de masa con las manos y las disponemos en una bandeja de horno forrada con papel de hornear. Presionamos cada bolita ligeramente con los dedos para aplanarla un poco, hasta dejarla como si fuese una mini-hamburguesa; hay que tener en cuenta que al hornearse la galleta se expande aún más.

Horneamos las galletas unos 12-15 minutos. Las sacamos del horno, dejamos reposar 5 minutos y con una espátula las retiramos y las dejamos enfriar sobre una rejilla. A mí me gusta tomarlas templadas, cuando el chocolate aún está un poco fundido, pero una vez frías las podemos conservar hasta una semana en una lata o recipiente hermético. Para darle otro toque a la receta podemos añadir unas avellanas troceadas a la masa.

Galletas nuez

Ingredientes
(para 24 galletas dobles)

Masa de galletas:
- 300 g de harina
- Sal
- 150 g de mantequilla en pomada
- 200 g de azúcar moreno
- 80 g de queso cremoso
- 1 yema de huevo

Relleno (crema de nueces y chocolate):
- 100 g de nueces mondadas
- 150 g de azúcar
- 125 de chocolate negro troceado
- 100 de chocolate con leche troceado
- 75 de chocolate blanco troceado
- 150 g de leche condensada

Preparación

Preparamos en primer lugar la crema de nueces y chocolate. En un robot de cocina ponemos las nueces con el azúcar y trituramos a máxima potencia hasta obtener una crema de nueces fina y sin gránulos. Por otro lado, disponemos el resto de ingredientes en un cazo al fuego y los fundimos. Añadimos la pasta de nueces y cocinamos a fuego medio-bajo unos minutos más.

Dejamos enfriar; hay que tener en cuenta que espesará. Si no hubiese quedado bastante fina, podemos volver a pasarla por el robot de cocina. Reservamos.

Preparamos ahora las galletas. Batimos la mantequilla y el queso cremoso con el azúcar. Añadimos la yema de huevo y la sal y mezclamos. Por último agregamos la harina y mezclamos lo justo para integrar. Refrigeramos media hora dentro de una bolsa de plástico, para que no esté pegajosa y podamos manejarla sin problemas.

Con un molde en forma de nuez damos forma a las galletas. El molde debe estar enharinado para que no se pegue. Dejamos las galletas en el congelador 30 minutos, de esta manera conservan mejor la forma en el horno. Mientras, precalentamos el horno a 160º C. Horneamos las galletas durante 20-25 minutos y dejamos enfriar en una rejilla. Rellenamos las galletas con la crema de nueces y chocolate que habíamos preparado previamente, y pegamos de dos en dos a modo de nuez.

Galletas de cacao

En primer lugar batimos la mantequilla con el azúcar para integrarlas bien. Añadimos la clara de huevo y mezclamos de nuevo. Agregamos por último la sal, la harina y el cacao y mezclamos hasta integrar. A continuación, con ayuda de un rodillo, estiramos la masa entre dos papeles de hornear hasta conseguir un grosor de 0,5 cm aproximadamente. Si lo deseamos, con un molde de Springerle damos forma a las galletas. El molde debe estar espolvoreado con cacao para que no se pegue. Cortamos las galletas y las dejamos en el congelador 30 minutos, mientras precalentamos el horno a 180º C, de esta manera las galletas conservarán mejor la forma al hornearse.

Horneamos las galletas durante 12-15 minutos y dejamos enfriar en una rejilla. Las galletas pueden conservarse varias semanas dentro de un recipiente hermético.

Ingredientes
(para 24 galletas)

- 200 g de mantequilla en pomada
- 200 g de azúcar glas
- 1 huevo L
- Una pizca de sal
- 400 g de harina
- 50 g de cacao puro en polvo

Nota

El molde de galletas Springerle lo compré en www.megasilvita. com. Si la masa se pega, puede guardarse durante una media hora en el frigorífico para que endurezca la mantequilla y así estará más manejable.

Galletas de chocolate y turrón

Comenzamos preparando las galletas el día antes. Para ello mezclamos todos los ingredientes con las manos hasta formar una masa homogénea; puede hacerse en robot de cocina, 30 segundos a velocidad 6. Formamos una bola, que dividimos en dos o tres partes; depende del tamaño de vuestra encimera y la fuerza que tengáis para estirar la masa.

Estiramos cada una de las porciones entre dos láminas de papel de hornear con ayuda de un rodillo, hasta dejarlas muy finas, de 3 mm de espesor como máximo. Mantenemos las láminas de masa de galleta en el frigorífico durante un par de horas o en el congelador media hora para facilitar el proceso de cortado. Procedemos igual con cada una de las porciones de masa que hemos cortado previamente.

Sacamos las láminas de una en una para que no pierdan frío, cortamos con un cortador redondo del tamaño del molde que vayamos a usar para que el tamaño de la galleta coincida con el del molde (el mío es de 6 cm), disponemos las galletas sobre una bandeja y las volvemos a llevar al congelador al menos 15 minutos para que no pierdan la forma durante el horneado. Repetimos con el resto de la masa.

Precalentamos el horno a 170º C y horneamos las galletas unos 10 minutos, hasta que estén ligeramente doradas por los bordes. Las sacamos, las dejamos reposar 5 minutos y las depositamos sobre una rejilla para que se enfríen. Las galletas estarán blanditas al salir del horno y terminarán de endurecerse al enfriar. Cuando estén frías, continuamos preparando nuestras galletas de turrón y chocolate. Fundimos el chocolate troceado junto con la manteca de cacao en el microondas y atemperamos.

Colocamos el molde sobre una bandeja para poder trasladarlo después sin que pierda forma. Luego cortamos círculos de la lámina de transfer del tamaño de las cavidades del molde y los ponemos en la base con la parte rugosa, que es

Ingredientes
(para 24 galletas)

Para la base de galleta:
- 400 g de harina normal
- 150 g de azúcar glas
- 200 g de mantequilla fría cortada en cuadraditos
- 1 huevo mediano
- Una pizca de sal

Para el relleno:
- Crema de turrón blando

Para la cobertura:
- 300 g de chocolate blanco
- 50 g de manteca de cacao (opcional)
- 1 lámina de transfer (opcional)

Equipamiento:
- Molde de silicona o plástico de 8 cavidades redondas

la que pega, hacia arriba. Vertemos un par de cucharaditas de chocolate sobre la lámina hasta cubrirla, colocamos una cucharadita de crema de turrón encima del chocolate, en el centro, y para terminar tapamos con una galleta.

Dejamos enfriar en el frigorífico o en un lugar fresco y seco. Una vez solidificado el chocolate, desmoldamos las galletas y despegamos con cuidado la lámina de transfer (funciona como una calcomanía para chocolate). Conservamos las galletas en un lugar fresco y seco hasta su consumo.

Galletas de mantequilla de cacahuete y chocolate

Preparación

Comenzamos preparando las galletas. Batimos la mantequilla con la crema de cacahuete y los azúcares hasta que estén integrados, añadimos el huevo y mezclamos hasta integrar. A continuación agregamos la harina y la sal y mezclamos hasta formar una bola. Es una masa un poco granulosa y quebradiza. Dividimos la masa en 2 o 3 porciones para trabajar con mayor comodidad. Estiramos cada una de las porciones entre dos láminas de papel de hornear con ayuda de un rodillo hasta dejarlas de un grosor de 1 cm. Conservamos las láminas de masa de galleta en el frigorífico un par de horas o en el congelador media hora para facilitar el proceso de cortado. Procedemos igual con cada una de las porciones de masa que hemos cortado previamente.

Sacamos las láminas de una en una para que no pierdan frío, cortamos con un cortador de galletas redondo grande, colocamos las galletas sobre una bandeja y las metemos de nuevo en el congelador al menos 15 minutos; esto ayudará a que las galletas no pierdan la forma durante el horneado. Repetimos con el resto de la masa. Podemos volver a amasar los recortes de masa y estirarlos con el procedimiento que hemos descrito antes.

Precalentamos el horno a 170º C y horneamos las galletas unos 12 minutos en una bandeja forrada con papel de hornear, hasta que estén ligeramente doradas por los bordes. Las sacamos y las dejamos reposar en la bandeja 10 minutos, porque estarán muy blandas para moverlas. Pasado este tiempo, las depositamos con cuidado sobre una rejilla para que se enfríen. Las galletas terminarán de endurecerse al enfriar. Deben estar completamente frías antes de decorarlas con chocolate.

Ingredientes
(para 16 galletas grandes)

Para las galletas:
- 125 g de mantequilla blanda
- 125 g de crema de cacahuete
- 100 g de azúcar
- 100 g de azúcar moreno
- 1 huevo
- 350 harina
- Una pizca de sal

Para la decoración:
- 250 g de chocolate negro para fundir
- 100 g de cacahuetes troceados

Equipamiento opcional para decorar:
- *Stencils* o plantillas

Proseguimos con la decoración. Fundimos el chocolate y atemperamos. Preparamos otro bol con cacahuetes troceados.

Colocamos las galletas con la parte más lisa hacia arriba, que es la que estaba en contacto con la bandeja del horno. Ponemos una plantilla encima de una galleta. Hay que sujetarla muy bien con los dedos para que no se mueva mientras decoramos o se emborronaría la galleta. Vertemos una cucharadita de chocolate fundido sobre la plantilla y distribuimos por toda la superficie con una paleta de extendido. La retiramos con cuidado. Para conseguir un acabado perfecto tendremos que limpiar el *stencil* después de cada uso y secarlo bien antes de aplicarlo sobre la siguiente galleta.

Sujetamos la galleta con cuidado por la parte sin dibujo de chocolate y la vamos girando y mojando los bordes en el chocolate. A continuación, rebozamos de igual manera los bordes en los cacahuetes troceados. Dejamos con mimo la galleta en una rejilla en un lugar fresco hasta que el chocolate endurezca y repetimos con el resto de galletas.

Pastas rizadas bañadas en chocolate

Precalentamos el horno a 180º C. Lo primero, forramos una bandeja de horno con papel de hornear. Sujetamos el papel con algún peso o con celo, ya que si no se moverá cuando pongamos la masa sobre él con la manga pastelera.

Comenzamos a preparar la masa de las pastas rizadas. Para ello batimos la mantequilla con el azúcar hasta que esté bien esponjosa (un minuto o dos con el batidor de varillas eléctrico). A continuación seguimos batiendo y añadimos los huevos de uno en uno, sin añadir el segundo hasta que el primero esté totalmente integrado. Si los huevos están fríos, parecerá que la mantequilla se corta. Esto se soluciona si continúas batiendo, pero, en cualquier caso, para evitarlo es mejor poner los huevos a la misma temperatura que la mantequilla. Agregamos la harina y la pizca de sal y mezclamos lo justo para integrar. Después pasamos la mezcla a una manga pastelera equipada con una boquilla rizada.

Ponemos la manga pastelera con un ángulo de 45º respecto a la bandeja y vamos escudillando (dispensando) la masa en tiras de unos 7-8 cm sobre el papel de hornear. Debemos procurar ejercer una presión uniforme para que las tiras de masa sean también uniformes. También hemos de dejar una separación entre las pastas ya que en el horno la mantequilla se funde y las galletas se expanden un poco. Horneamos unos 10-12 minutos. Sacamos del horno y dejamos enfriar sobre una rejilla. Mientras, preparamos la crema de mantequilla a la vainilla. Para ello ponemos a hervir el azúcar con la vaina de vainilla y el agua en un cazo. Una vez que hierva, lo mantenemos un minuto, retiramos y dejamos enfriar hasta que esté a temperatura ambiente. Abrimos la vaina de vainilla, retiramos las semillas con la punta de un cuchillo y las mezclamos con el almíbar. Batimos la mantequilla con un batidor de varillas eléctrico y vamos agregando al mis-

Ingredientes
(para 30 pastas dobles)

Para las pastas:
- 250 g de mantequilla en pomada
- 100 g de azúcar glas
- 2 huevos pequeños a temperatura ambiente
- 350 g de harina
- Una pizca de sal

Para la crema de mantequilla:
- 70 g de azúcar
- 35 g de agua
- Media vaina de vainilla (puede utilizarse vainilla líquida, en pasta, en polvo...)
- 125 g de mantequilla en pomada

Para el baño de chocolate:
- 100 g de chocolate negro de cobertura (55%-70% de cacao)

Equipamiento:
- Manga pastelera con boquilla rizada

mo tiempo el almíbar en un hilo (recuerda: no debe estar caliente o se fundiría la mantequilla). Seguimos batiendo hasta que la crema de mantequilla esté blanquecina y esponjosa. Entonces pasamos la crema a una manga pastelera equipada con boquilla redonda de 1 cm; puedes hacerlo con una cuchara, pero con la manga se tarda menos tiempo y se mancha menos. Disponemos una tira de crema en la parte lisa de la mitad de las pastas y cubrimos con la otra mitad, presionando para que las dos mitades queden unidas y se distribuya bien el relleno. Reservamos en un lugar fresco mientras preparamos la cobertura de chocolate.

Fundimos el chocolate y atemperamos. Después mojamos los extremos de las pastas en el chocolate fundido, primero un extremo y luego otro, dejando caer el chocolate sobrante. Enfriamos las pastas en el frigorífico hasta que el chocolate se haya solidificado (unos 10 minutos) y conservamos dentro de un recipiente hermético en un lugar fresco hasta su consumo.

NUNCA HE CONOCIDO
un chocolate
QUE NO ·············>
me gustase

Bizcocho de plátano y chocolate light

Ingredientes

(para un molde cuadrado de 20 cm)

- 4 plátanos maduros
- 200 g de azúcar moreno integral
- 1 cucharadita de vainilla en polvo
- 125 g de harina
- 50 g de cacao puro en polvo
- 1 cucharadita de levadura química
- 100 g de chips de chocolate con leche

Preparación

Precalentamos el horno a 180º C. Con un tenedor, machacamos los plátanos. Añadimos el resto de ingredientes, salvo los chips de chocolate, y mezclamos bien. Por último, agregamos los chips de chocolate y removemos para que queden bien distribuidos por la masa.

Engrasamos y enharinamos un molde de 15-20 cm o rociamos con espray desmoldante. Vertemos la masa, alisamos la superficie y horneamos unos 30 minutos. Pasado este tiempo, lo sacamos del horno y ponemos unos cuantos chips de chocolate más en la superficie para adornar. Dejamos pasar 10 minutos, desmoldamos y dejamos enfriar sobre una rejilla.

Tronco de Navidad de chocolate

El día anterior preparamos la trufa para el relleno. Para ello, en un cazo calentamos la nata con el azúcar. Cuando llegue a ebullición, agregamos el chocolate troceado y removemos hasta que esté disuelto. Dejamos enfriar, primero a temperatura ambiente y luego en el frigorífico, hasta el día siguiente.

Al día siguiente comenzamos preparando la plancha de bizcocho. Precalentamos el horno a 180º C. Con un batidor de varillas montamos los huevos a temperatura ambiente con el azúcar durante 10 minutos, hasta que blanqueen y tripliquen su volumen. Agregamos la sal, el cacao y la harina y mezclamos con movimientos envolventes con ayuda de una espátula, con cuidado de que no baje mucho. Vertemos la masa en una bandeja de horno forrada con papel de hornear, la alisamos con una espátula y horneamos unos 8-10 minutos. Retiramos del horno, colocamos la masa sobre un paño limpio y enrollamos. Dejamos enfriar enrollado.

Mientras, terminamos de preparar la trufa. Con un batidor de varillas, la montamos a máxima potencia. Cuando el brazo esté frío, lo rellenamos con una espátula extendiendo la trufa de manera uniforme. Volvemos a enrollar el brazo y lo metemos en el frigorífico.

Preparamos ahora el ganache de chocolate para bañar el tronco. En un cazo calentamos la nata. Cuando llegue a ebullición, apartamos del fuego y agregamos el chocolate troceado; removemos hasta que esté disuelto. Añadimos por último la mantequilla, mezclamos y dejamos enfriar hasta que se pueda extender con una espátula.

Cortamos un extremo del tronco en diagonal y lo colocamos pegado al tronco a modo de rama. Repartimos el ganache por el tronco con una espátula. Con un tenedor o un palillo hacemos surcos en el ganache a modo de corteza. Espolvoreamos con cacao en polvo y guardamos en el frigorífico hasta el momento de servir.

Ingredientes
(para 8-12 personas)

Para el brazo:
- 4 huevos
- 100 g de harina
- 20 g de cacao
- 120 g de azúcar
- Una pizca de sal

Para la trufa:
- 250 g de chocolate negro de cobertura troceado
- 500 ml de nata para montar (35% de MG)
- 100 g de azúcar

Para la cobertura de chocolate:
- 150 ml de nata para montar (35% de MG)
- 150 g de chocolate negro de cobertura (entre 55% y 70% de cacao)
- 50 g de mantequilla
- Cacao en polvo

Para darle el toque final podemos decorar el tronco con setas de merengue. Para ello montamos la clara con el azúcar y una pizca de sal, usando preferiblemente un batidor de varillas eléctrico, hasta obtener un merengue firme y brillante, que pasamos a una manga pastelera con boquilla redonda grande. Precalentamos el horno a 90º C y forramos una bandeja de hornear con papel vegetal. Para hacer la base de las setas (el tallo) colocamos la manga pastelera perpendicular a la bandeja y presionamos para que salga el merengue al mismo tiempo que realizamos un movimiento hacia arriba. No pasa nada por que queden picos: cuando los merengues estén horneados los quitaremos con un cuchillo.

Para hacer la parte superior de las setas colocamos la manga perpendicular a la bandeja y presionamos para que salga el merengue sin mover la manga del sitio. Es probable que quede un pequeño pico en cada merengue, así que los vamos aplastando con el dedo humedecido en agua. Horneamos nuestros merengues una hora aproximadamente y dejamos enfriar. Deben estar totalmente secos. Una vez fríos, fundimos el chocolate. Con un cuchillo afilado cortamos la parte superior del tallo de las setas, ponemos un poco de chocolate y lo pegamos a la parte superior. Dejamos enfriar unos minutos en el frigorífico. Finalizamos espolvoreando las setas con un poco de cacao en polvo y colocamos sobre el tronco.

Brownie

Ingredientes

(para un molde de 20×20 cm)

- 125 g de mantequilla
- 125 g de chocolate negro (mínimo 55% de cacao)
- 200 g de azúcar
- 3 huevos
- 2 cucharadas de cacao
- 125 g de harina

Preparación

Precalentamos el horno a 180º C. Engrasamos con mantequilla un molde cuadrado de 20 cm y lo enharinamos.

Por otro lado, derretimos la mantequilla con el chocolate troceado. Aparte batimos los huevos con el azúcar. Mezclamos ahora huevos y chocolate. Agregamos el cacao y la harina y removemos. Vertemos en el molde y horneamos unos 25 minutos. Sacamos del horno y dejamos templar antes de servir.

Para decorar podemos utilizar papel de azúcar, que cortaremos del tamaño de nuestros brownies. Con un sello y colorante alimentario marrón, imprimiremos lo que queramos sobre el papel, que después pegaremos con un poco de chocolate al brownie. Servimos acompañado de una bola de helado de vainilla o un poco de nata montada.

Nota

Si el brownie lleva varios días hecho, lo calentamos unos segundos en el microondas antes de servir.

TO DO LIST

- ☑ eat chocolate
- ☐ do laundry
- ☐ clean kitchen

At least you'll get one
thing done today.

Muffins superchocolatosos

Precalentamos el horno a 180º C. Primero mezclamos los ingredientes secos: harina, azúcares, vainilla, cacao y levadura. Aparte, batimos los huevos. Añadimos yogur, buttermilk y aceite y mezclamos bien. Incorporamos los ingredientes secos y removemos hasta mezclar. Por último agregamos los chips de chocolate y removemos para integrarlos.

Con un sacabolas para helado, repartimos dos cucharadas de masa en cápsulas de papel para muffin. Los colocamos en una base rígida, para que crezcan hacia arriba y no hacia los laterales, y horneamos unos 20-25 minutos.

Sacamos del horno y colocamos algunos chips de chocolate por encima. Dejamos enfriar y los guardamos en una bolsa dentro de un recipiente hermético.

Ingredientes
(para 6-8 muffins)

- 250 g de harina
- 200 g de azúcar moreno
- 50 g de azúcar normal
- 1 cucharadita de vainilla en polvo
- 50 g de cacao puro en polvo
- 1 cucharadita de levadura química
- 2 huevos
- 150 g de yogur
- 125 ml de buttermilk
- 125 ml de aceite de girasol
- 1 taza de chips de chocolate

Nota

El buttermilk puede encontrarse en algunos supermercados o prepararse de manera casera, mezclando 125 ml de leche con una cucharada de zumo de limón y dejándolo reposar 5-10 minutos hasta que tenga apariencia cortada.

Coulant

Ingredientes
(para 8 unidades)

- 150 g de mantequilla
- 200 g de chocolate troceado
  (mínimo 55% de cacao)
- 4 huevos
- 100 g de azúcar
- 25 g de cacao puro en polvo
- 75 g de harina
- Una pizca de sal
- 1 cucharadita de dulce
  de leche por cada coulant

Preparación

Preparamos moldes individuales (desechables o tipo rame-quín) untándolos con mantequilla y espolvoreándolos con cacao. También podemos utilizar un espray desmoldante.

Ponemos en un bol apto para microondas el chocolate y la mantequilla, los fundimos y reservamos. En otro bol batimos los huevos con el azúcar. Agregamos el chocolate del primer cuenco y mezclamos bien. Añadimos por último el cacao, la harina y la sal y removemos hasta integrar.

Repartimos la mezcla en los moldes: ponemos una cucharada de masa de coulant, una cucharadita de dulce de leche y otra cucharada de masa de coulant. Mantenemos en el congelador al menos 24 horas.

Precalentamos el horno a 180º C. Sacamos los coulants del congelador y los horneamos directamente unos 12-13 minutos. Retiramos del horno, desmoldamos con cuidado y servimos de inmediato.

Nota

Si es la primera vez que preparas esta receta te recomiendo que hagas una primera prueba horneando solo un coulant. De esta manera te aseguras de tener perfectamente controlado el tiempo de tu horno. Es una receta sencilla, pero un minuto de menos puede hacer que el bizcocho se rompa al desmoldar, y un minuto de más que te encuentres con una magdalena en lugar de un coulant.

Bizcochitos de chocolate rellenos de nata

Preparación

Comenzamos precalentando el horno a 180º C. Con una batidora eléctrica o un robot de cocina batimos la mantequilla con el azúcar hasta blanquear. Separamos las claras de las yemas de los huevos y reservamos las claras. Agregamos las yemas de una en una a la mezcla anterior e incorporamos la harina mezclada con la maicena.

Aparte, montamos las claras a punto de nieve con una pizca de sal hasta que estén bien firmes. Agregamos las claras delicadamente a la mezcla anterior; lo mejor es hacerlo en dos veces para ir bajando la densidad de la masa. Repartimos la masa en los moldes llenándolos hasta $^3/_4$ partes de su capacidad y horneamos 8-10 minutos. Deben quedar bastante blanquitos: son muy pequeños y la masa no lleva impulsor; es importante para que queden esponjosos.

Sacamos el molde del horno con cuidado de no quemarnos, esperamos un par de minutos y desmoldamos los bizcochitos sobre una rejilla. Repetimos el proceso hasta acabar con la masa. Cuando estén fríos, con ayuda de una manga pastelera con boquilla especial para rellenar vamos rellenando los bizcochitos con nata montada.

Para preparar la nata montada del relleno ponemos la nata y el azúcar en un bol amplio y batimos con las varillas eléctricas a máxima velocidad hasta que esté bien montada. Finalmente, fundimos el chocolate con la manteca y bañamos los pastelitos en el chocolate fundido. Dejamos solidificar en el frigorífico.

Ingredientes
(para 12 unidades)

- 125 g de mantequilla en pomada
- 125 g de azúcar
- 3 huevos
- 75 g de harina
- 50 g de maicena
- Una pizca de sal
- Una pizca de vainilla en polvo o extracto de vainilla

Para la nata montada:
- 200 g de nata para montar (35% de MG) muy fría
- 2 cucharadas colmadas de azúcar

Para la cobertura de chocolate:
- 250 g de chocolate troceado (mínimo 55% de cacao)
- 25 g de manteca de cacao

Nota

Para hornear los bizcochitos uso un molde de silicona para helados, apto para horno, de Silikomart.

Bundt cake marmolado

Ingredientes

- 300 g de azúcar
- 6 huevos
- 250 ml de leche
- 250 ml aceite de girasol
- Vainilla
- 350 g de harina
- 3 cucharaditas de levadura química
- 3 cucharadas colmadas de cacao mezcladas con 125 ml de leche
- Sal

Preparación

Precalentamos el horno a 180º C. Engrasamos un molde de bundt con espray antiadherente o embadurnándolo con mantequilla y espolvoreándolo con harina.

En un bol amplio batimos los huevos con el azúcar hasta que blanqueen y dupliquen su tamaño, alrededor de 3 minutos. Añadimos la leche y el aceite y batimos nuevamente. Agregamos entonces la vainilla, la harina y la levadura y mezclamos hasta integrar.

Dividimos la masa en dos. A una mitad le añadimos el cacao mezclado con la leche, con el objetivo de lograr la misma consistencia que en la otra masa. Acto seguido, repartimos cucharadas de las masas en el molde, alternándolas. Horneamos unos 45 minutos, dejamos enfriar 10 minutos y desmoldamos sobre una rejilla.

Dejamos enfriar completamente antes de consumir. Puede conservarse hasta una semana dentro de un recipiente hermético.

Nota

Si te apetece darle otro toque más chocolatoso, prueba a bañar el bundt cake una vez frío en chocolate (250 g de chocolate negro + 25 g de manteca de cacao).

A 9 DE CADA
10 PERSONAS
★ *les gusta* ★
EL CHOCOLATE.
LA DÉCIMA
ESTÁ EQUIVOCADA

TARTAS

Tarta Tableta de chocolate

Ingredientes
(para 6-8 personas)

Bizcocho esponjoso:
- 3 huevos medianos a temperatura ambiente
- 75 g de azúcar
- 40 ml de aceite de girasol
- 75 g de harina
- 1 cucharadita de levadura

Relleno de nata montada:
- 125 ml de nata para montar (35% de MG mínimo) muy fría
- 1 cucharada de azúcar

Cobertura de chocolate:
- 350 g de chocolate negro de cobertura

Nota

El molde para esta tarta se llama Mustard Choc y podéis encontrarlo, por ejemplo, en amazon.es.

Preparación

Comenzamos preparando el bizcocho. Precalentamos el horno a 180º C y engrasamos el molde. En un bol amplio montamos los huevos con el azúcar y los batimos con un batidor eléctrico de varillas a máxima velocidad hasta que blanqueen; se vuelven muy esponjosos, la masa se torna blanquecina y duplica o triplica su volumen inicial. Añadimos el aceite y batimos un poco para mezclar. Incorporamos entonces la harina y la levadura tamizadas y mezclamos con una espátula con movimientos envolventes y delicados, para que no baje mucho la masa.

Vertemos la masa en el molde (debemos llenarlo solo hasta $^3/_4$ partes de su capacidad), lo introducimos en el horno y horneamos unos 20-25 minutos. Pasado ese tiempo, lo retiramos del horno, dejamos enfriar al menos 15 minutos y desmoldamos sobre una rejilla para que termine de enfriarse.

En un bol ponemos la nata —muy fría— y el azúcar y batimos hasta montar, primero a baja potencia para que no salpique y progresivamente vamos aumentando la velocidad hasta llegar a la máxima. Con una lira o un cuchillo de sierra dividimos el bizcocho en dos mitades para rellenarlo. Con ayuda de una cuchara repartimos una fina capa de nata sobre la parte inferior del bizcocho y cubrimos con la parte superior.

Troceamos el chocolate, lo fundimos y lo atemperamos. Cubrimos la base del molde con forma de tableta con chocolate fundido. Cortamos los bordes de nuestro bizcocho relleno y lo ponemos con cuidado sobre el chocolate. Terminamos de rellenar el molde con más chocolate y lo conservamos en el frigorífico hasta que solidifique, un par de horas. Retiramos del frigorífico, desmoldamos con cuidado y ya está listo para servir.

Tarta Sacher

Ingredientes
(para un molde redondo de 20 cm)

Para el bizcocho:
- 200 g de azúcar
- 6 huevos
- 150 g de mantequilla
- 150 g de chocolate negro (55% de cacao)
- 150 g de harina bizcochona
- 50 g de harina de almendras
- 200 g de mermelada de albaricoque

Para la cobertura:
- 200 g de chocolate negro de cobertura (55% de cacao) troceado
- 200 ml de nata para montar (35% de MG)
- 50 g de mantequilla

Nota

Para preparar los sellos decorativos podéis seguir las instrucciones de la receta en la página 145.

Preparación

Comenzamos precalentando el horno a 180º C. Engrasamos y enharinamos un molde alto de 20 cm; también podemos utilizar espray antiadherente. A continuación fundimos el chocolate troceado y la mantequilla en el microondas y reservamos.

En un bol amplio ponemos los huevos con el azúcar y, con un batidor de varillas, los batimos hasta que tripliquen su volumen; nos llevará unos 5-10 minutos. Después añadimos la crema de chocolate y removemos hasta integrar. Agregamos las harinas y mezclamos bien con una espátula.

Vertemos la masa en el molde y horneamos unos 45 minutos. Retiramos del horno, dejamos enfriar alrededor de 10 minutos y desmoldamos sobre una rejilla. Guardamos el bizcocho en un recipiente metálico hasta el día siguiente para que repose.

Al día siguiente, con ayuda de una lira o un cuchillo afilado abrimos el bizcocho por la mitad. Calentamos la mermelada, la repartimos por una de las mitades del bizcocho y cubrimos con la otra mitad.

Preparamos por último el baño de chocolate. En un cazo llevamos la nata a ebullición. Cuando hierva, retiramos del fuego, agregamos el chocolate troceado y removemos hasta que se disuelva. Añadimos por último la mantequilla y removemos nuevamente hasta obtener un ganache liso y brillante.

Disponemos la tarta sobre una rejilla o un cuenco de diámetro inferior al de la tarta y bañamos el bizcocho con el ganache de chocolate. Lo conservamos en el frigorífico hasta el momento de servir, acompañada preferiblemente de un poco de nata montada.

Tarta Maltesers

Ingredientes
(para un molde semiesférico de 20 cm)

- 250 g de azúcar
- 4 huevos
- 250 ml de aceite
- 250 ml de leche
- 250 g de harina
- 1 sobre de levadura química
- 3 cucharadas de cacao puro en polvo
- 3 cucharadas de harina con 1 cucharadita de vainilla en polvo

Para la trufa:
- 100 g de azúcar
- 500 ml de nata
- 250 g de chocolate negro (55% de cacao) troceado

Para decorar:
- Maltesers (unos 3 paquetes)

Preparación

Precalentamos el horno a 180º C y engrasamos y enharinamos un bol de pírex de 20 cm; podemos utilizar también espray desmoldante.

Batimos los huevos con el azúcar hasta que tripliquen su tamaño, unos 5 minutos. Añadimos la leche y el aceite y mezclamos bien. Agregamos por último la harina y la levadura y mezclamos hasta integrar. Después separamos la masa en dos cuencos. A uno de los cuencos le añadimos 3 cucharadas de cacao y removemos. Al otro cuenco le agregamos 3 cucharadas de harina con vainilla y removemos.

Repartimos la masa en el molde a cucharadas: 2 cucharadas de masa blanca justo en el centro, encima otras 2 cucharadas de masa negra y así sucesivamente hasta acabar con la masa. Veremos cómo se van formando círculos concéntricos de masa negra y blanca.

Horneamos de 45 a 60 minutos; para comprobar la cocción pinchamos con un palillo: debe salir limpio. Retiramos del horno y dejamos enfriar 10 minutos antes de desmoldar sobre una rejilla. Una vez frío, lo guardamos en un recipiente hermético.

Por otro lado preparamos la trufa de chocolate. En un cazo ponemos el azúcar y la nata y llevamos a ebullición. Retiramos del fuego, añadimos el chocolate troceado y removemos hasta que esté disuelto. Dejamos enfriar a temperatura ambiente y luego lo guardamos en un recipiente hermético en el frigorífico hasta el día siguiente.

Al día siguiente montamos la trufa con un batidor de varillas a máxima potencia. Cortamos el bizcocho por la mitad, lo rellenamos y lo cubrimos con la crema montada. Empezamos por la parte superior y vamos pegando Maltesers alrededor de la tarta. Lo conservamos en el frigorífico hasta el momento de servir.

Tarta helada de chocolate, refresco de cola y vainilla

Preparación

Precalentamos el horno a 180º C y engrasamos y enharinamos dos moldes de 15 cm; también podemos emplear espray desmoldante.

Mezclamos los ingredientes secos: harina, azúcar y cacao. Aparte, batimos los huevos, añadimos el refresco de cola, la mantequilla y la leche y mezclamos bien. Agregamos los ingredientes secos y removemos hasta mezclar. Entonces vertemos la masa en los moldes y horneamos unos 30 minutos. Retiramos del horno, dejamos enfriar 10 minutos y desmoldamos boca abajo en una rejilla.

Mientras, preparamos el relleno de helado. Forramos el molde que hemos usado para hacer los bizcochos con papel film. Ponemos el helado a cucharadas y vamos presionando para extenderlo y que adopte la forma del molde. Alisamos la superficie con una espátula, tapamos con más papel film y mantenemos en el congelador hasta que se endurezca.

Unos minutos antes de sacar el bizcocho a la mesa, rellenamos las capas de bizcocho con el helado y lo conservamos en el congelador mientras preparamos la cobertura de chocolate y refresco de cola. ¡Hay que procurar que el bizcocho no se congele!

Ponemos a hervir la nata con el refresco de cola. Cuando hierva retiramos del fuego y añadimos el chocolate troceado. Dejamos reposar unos minutos y removemos hasta que se disuelva el chocolate. Entonces agregamos la mantequilla y volvemos a remover hasta que obtengamos una crema homogénea. Vertemos la cobertura sobre la tarta y servimos inmediatamente.

Ingredientes

(para dos moldes de 15 cm)

- 250 g de harina bizcochona
- 200 g de azúcar
- 50 g de cacao puro en polvo
- 2 huevos
- 250 g de mantequilla fundida
- 250 ml de refresco de cola
- 250 ml de leche
- 1 litro de helado de vainilla y Oreo

Para el baño de chocolate:
- 80 ml de refresco de cola
- 180 ml de nata
- 250 g de chocolate negro (55% de cacao) troceado
- 50 g de mantequilla

Nota

La harina bizcochona es harina con impulsor químico incorporado. Puede sustituirse por harina normal a la que se añade 1 cucharadita de levadura química por cada 100 g de harina.

Tarta Selva Negra con frutos rojos

Ingredientes

(para un molde de 15-18 cm)

Para el bizcocho:
- 250 g de harina
- 250 g de azúcar normal
- 75 g de cacao puro en polvo
- 3 cucharaditas rasas de levadura química
- 2 huevos
- 250 ml de leche
- 125 ml de aceite de girasol
- 125 ml de agua muy caliente

Para el relleno:
- 200 g de mermelada de cerezas
- 200 g de frutos rojos: cerezas, frambuesas, moras...
- 250 ml de nata para montar (35% de MG) muy fría
- 2 cucharadas de azúcar

Para la cobertura de chocolate:
- 200 g de nata para montar (35% de MG)
- 200 g de chocolate (55% de cacao) troceado
- 75 g de mantequilla

Preparación

Precalentamos el horno a 180º C y comenzamos a preparar el bizcocho. En primer lugar mezclamos los ingredientes secos: harina, azúcar, cacao y levadura. Aparte, batimos los huevos. Añadimos la leche y el aceite y mezclamos bien. Incorporamos los ingredientes secos y removemos hasta mezclar. Por último agregamos el agua caliente y removemos hasta que esté integrado. Vertemos la masa en un molde previamente engrasado y horneamos unos 45-60 minutos; si es un molde más bajo y ancho, estará listo antes. Retiramos del horno, dejamos enfriar 10 minutos y desmoldamos boca abajo en una rejilla. De esta manera la superficie del bizcocho, que queda bastante irregular, se alisará.

Cuando esté frío (puede dejarse de un día para otro, así es más fácil cortar el bizcocho), preparamos la nata del relleno. En un bol amplio juntamos la nata con el azúcar y montamos con un batidor de varillas a máxima potencia. Reservamos en el frigorífico.

Ahora preparamos el baño de chocolate. En un cazo calentamos la nata. Retiramos del fuego, agregamos el chocolate troceado y removemos hasta disolverlo completamente. Añadimos entonces la mantequilla y removemos de nuevo hasta obtener un ganache brillante. Dejamos enfriar hasta que tenga una consistencia adecuada –no demasiado líquida– para cubrir la tarta.

Cortamos el bizcocho por la mitad con una lira o un cuchillo. Sobre una de las mitades del bizcocho ponemos una capa de mermelada de cerezas y, con una manga pastelera, distribuimos la nata montada por encima. A continuación repartimos algunos frutos rojos, reservando unos cuantos para decorar. Colocamos la otra mitad del bizcocho y vertemos el ganache sobre la tarta, decoramos con unos frutos rojos y servimos de inmediato.

Cheesecake de chocolate

Ingredientes
(para un molde redondo de 18 cm)

Para la base:
- 120 g de galletas
- 70 g de mantequilla

Para el relleno:
- 500 g de queso cremoso a temperatura ambiente
- 150 g de azúcar
- 2 huevos
- 2 cucharadas de maicena
- 1 cucharada colmada de dulce de leche

Para el ganache de chocolate y dulce de leche:
- 120 g de chocolate negro de cobertura (55% de cacao)
- 120 ml de nata para montar (35% de MG)
- 20 g de mantequilla
- 1 cucharada colmada de dulce de leche

Preparación

Comenzamos preparando un molde desmontable redondo y alto. Lo engrasamos ligeramente o rociamos con un espray antiadherente y forramos la base con papel de hornear.

Trituramos las galletas con un robot de cocina o metiéndolas dentro de una bolsa y golpeándolas con un rodillo hasta que se conviertan en polvo. Mezclamos este polvo de galletas con la mantequilla fundida hasta formar una masa con la textura de la arena mojada. Distribuimos esta pasta de galleta sobre la base del molde, presionando bien e igualando con una cuchara. La conservamos en el frigorífico mientras proseguimos con la elaboración de la tarta.

A continuación preparamos el relleno de queso. Para ello batimos el queso de untar con el azúcar con un batidor de varillas a velocidad alta hasta que esté cremoso. Agregamos los huevos de uno en uno y mezclamos lo justo para integrar. Añadimos la maicena y el dulce de leche y mezclamos bien. Entonces vertemos el relleno de queso sobre la base de galleta y alisamos la superficie. Golpeamos ligeramente el molde contra la encimera para eliminar posibles burbujas de aire.

Introducimos en el horno precalentado a 190º C durante 15 minutos y luego bajamos la temperatura a 120º C y horneamos unos 30 minutos más. Apagamos el horno y dejamos la tarta dentro hasta que el horno se enfríe. Una vez fría, la guardamos en el frigorífico hasta el día siguiente.

Al día siguiente preparamos el glaseado de chocolate. En un cazo mediano ponemos a hervir la nata. Cuando hierva, retiramos del fuego y añadimos el chocolate troceado. Dejamos reposar unos minutos y removemos con una cuchara hasta que se forme una crema homogénea. Agregamos la mantequilla y removemos hasta que se disuelva. Dejamos enfriar la crema de chocolate hasta que tenga una consistencia que permita repartirla a cucharadas sobre la tarta de queso. Cubrimos la tarta con crema de chocolate. Después calentamos una cucharada colmada de dulce de leche y dejamos caer unas tiras sobre el glaseado de chocolate. Conservamos el cheesecake en el frigorífico.

Todo lo que NECESITAS ♡♡ es amor. ♡♡ Y CHOCOLATE

TARTALETAS

Tartaletas fáciles de chocolate blanco

Ingredientes
(para 16 unidades)

- 180 g de chocolate blanco
- 150 g de nata para montar (35% de MG)
- 50 g de mantequilla
- 1 cucharadita de cacao puro en polvo
- 12 minitartaletas

Preparación

Calentamos la nata y retiramos del fuego antes de que llegue a hervir. Añadimos el chocolate blanco troceado y removemos hasta que se disuelva por completo. Agregamos la mantequilla y volvemos a remover hasta obtener una crema homogénea.

Repartimos la mezcla en las tartaletas, reservando un par de cucharadas en un bol. Agregamos un poco de cacao a las dos cucharadas que hemos reservado y removemos hasta integrar.

Untamos la punta de un palillo en la mezcla con cacao y dibujamos cuatro líneas paralelas en uno de los laterales de la tartaleta. Pasamos el palillo limpio por el centro de las líneas paralelas, haciendo un movimiento continuo; de esta manera logramos una especie de arabesco. Conservamos en el frigorífico hasta su consumo.

Tarta de tres chocolates

Comenzamos preparando la base de galletas. En un robot de cocina trituramos las galletas hasta reducirlas a polvo. Añadimos la mantequilla fundida y obtendremos una masa con textura de arena mojada. Forramos el molde con papel vegetal para facilitar el posterior desmoldado y cubrimos las paredes con la masa de galleta, presionando y alisando con ayuda de una cuchara. Mantenemos en el frigorífico mientras continuamos con la receta.

Seguimos preparando la capa de chocolate negro. En un cazo llevamos a ebullición 100 ml de la leche con la nata. Cuando hierva, agregamos el chocolate troceado y removemos hasta que se disuelva. Aparte, mezclamos la cuajada con la leche restante y lo añadimos a la mezcla de chocolate. Volvemos a llevar al fuego y removemos sin cesar hasta que casi alcance el punto de ebullición. Retiramos del fuego, vertemos sobre la base que habíamos preparado y lo guardamos en el frigorífico.

Repetimos el proceso con el chocolate con leche y por último con el chocolate blanco. Dejamos la tarta en el frigorífico al menos un día entero antes de servir.

Nota

Si solo deseamos cubrir la base del molde con galleta y no los laterales, preparamos la mitad de la cantidad indicada en los ingredientes de la base.

Ingredientes

(para un molde rectangular de 1 l de capacidad)

Para la base de galleta:
- 400 g de galletas de desayuno
- 170 g de mantequilla fundida

Para la capa de chocolate negro:
- 150 ml de leche
- 150 ml de nata para montar (35% de MG)
- 150 g de chocolate negro troceado
- 1 sobre de cuajada

Para la capa de chocolate con leche:
- 150 ml de leche
- 150 ml de nata para montar (35% de MG)
- 150 g de chocolate con leche troceado
- 1 sobre de cuajada

Para la capa de chocolate blando
- 150 ml de leche
- 150 ml de nata para montar (35% de MG)
- 150 g de chocolate blanco troceado
- 1 sobre de cuajada

Pastel de plátano, chocolate y avellanas

Preparación

Comenzamos preparando la pasta de chocolate que servirá para decorar la masa quebrada. Como es meramente ornamental, si quieres prescindir de la decoración, pasa al siguiente punto. Mezclamos todos los ingredientes y reservamos.

Pelamos y troceamos los plátanos y reservamos. Preparamos las avellanas y los chips de chocolate para tenerlos a mano y seguimos preparando la masa quebrada. En un bol amplio juntamos la mantequilla, la harina y la sal. Con las puntas de los dedos, o entre las palmas, vamos frotando la mantequilla y la harina para unirlas, formando unas migas del tamaño de un guisante. Debemos trabajar deprisa, no queremos que se desarrolle el gluten en la harina ni que se funda la mantequilla. Para que la masa resulte realmente crujiente, deben quedar trozos de mantequilla sin deshacer. Añadimos el agua muy fría. Primero vertemos 80 ml y unimos las migas de mantequilla y harina hasta formar una bola. Podemos agregar un poco más de agua si vemos que la masa está muy seca. Este paso puede hacerse en un robot de cocina, poniendo todos los ingredientes al mismo tiempo y mezclando máximo 10 segundos a velocidad 6. Dividimos la masa en dos, envolvemos con papel film e introducimos en el frigorífico unos 30 minutos.

Sacamos una de las porciones y la estiramos entre dos láminas de papel de hornear con ayuda de un rodillo, hasta formar un círculo de masa de 0,5 cm de grosor (si no tenemos papel de hornear enharinamos la encimera y el rodillo). Cubrimos la base del molde —que ha de tener de 20 a 23 cm—, dejando que la masa sobresalga por los bordes. Disponemos en el fondo de la tarta una capa de plátano troceado y distribuimos por encima el chocolate y las avellanas. Las cantidades son orientativas, recordad que se tra-

Ingredientes
(para 1 pastel de 20-23 cm)

Para decorar la masa quebrada:
- 1 de clara de huevo
- 20 g de cacao puro en polvo, tipo Valor
- 20 g de harina
- 30 g de azúcar glas
- 30 g de mantequilla en pomada
- *Stencil* (opcional)

Para la masa quebrada:
- 400 g de harina
- 200 g de mantequilla muy fría cortada en cuadraditos
- Una pizca de sal
- 80-100 ml de agua muy fría

Para el relleno:
- 2 o 3 plátanos maduros
- Un puñado de chips de chocolate negro
- Un puñado de avellanas tostadas

ta de aprovechar lo que tengamos en la nevera. Pincelamos con agua los bordes de la masa para que al taparla con la otra lámina de masa quede bien pegado.

Procedemos a estirar la otra porción de masa. Cuando esté estirada, si la vamos a decorar colocamos el *stencil* o la plantilla encima y con una paleta de extendido distribuimos la pasta decorativa de cacao cubriendo bien todos los huecos. Hay que dejar una capa muy fina y retirar el exceso de pasta decorativa al tiempo que sujetamos firmemente el *stencil*. Retiramos la plantilla, introducimos los dedos por debajo de la masa y la colocamos sobre el relleno. Presionamos los bordes, cortamos con una tijera el exceso de masa y decoramos los bordes si lo deseamos, por ejemplo presionando con los dedos índices todo el reborde.

Mantenemos la tarta en el congelador unos 15 minutos, mientras precalentamos el horno a 170º C. Hacemos un par de orificios en la tarta para que escape el vapor durante la cocción y horneamos alrededor de 25-30 minutos. Retiramos del horno y dejamos enfriar al menos unos minutos. Se puede consumir caliente, templada o fría, sola o acompañada de helado de vainilla o nata montada.

Tartaletas de chocolate blanco, mascarpone y frambuesas

Comenzamos preparando la masa quebrada. En un bol amplio ponemos todos los ingredientes y los mezclamos hasta formar una bola (puede hacerse en un robot de cocina). Introducimos la masa en el frigorífico un par de horas para que endurezca.

Sacamos la masa de la nevera y la estiramos entre dos láminas de papel de hornear con ayuda de un rodillo hasta formar un círculo de masa de 0,5 cm de grosor. Colocamos la masa en la base del molde presionando bien y eliminando los bordes sobrantes pasando un rodillo por encima. Cubrimos la masa con un círculo de papel de hornear y rellenamos con legumbres o bolas de cerámica para que al hornear la base de la tarta no suba ni pierda forma. Mantenemos la tarta en el congelador mientras precalentamos el horno a 170° C durante unos 15 minutos.

Horneamos la base 15 minutos más o menos. Sacamos del horno, retiramos las legumbres y el papel vegetal y horneamos otros 10 minutos. Extraemos del horno y dejamos enfriar antes de desmoldar. Una vez fría la base, desmoldamos con cuidado y reservamos.

Preparamos ahora el relleno. Ponemos la nata en un cazo y llevamos a ebullición. Cuando hierva, retiramos del fuego y agregamos el chocolate troceado y la mantequilla. Esperamos unos minutos y removemos hasta obtener una crema brillante y homogénea. Añadimos el mascarpone a temperatura ambiente y removemos hasta que esté totalmente mezclado. Vertemos sobre la base que habíamos reservado y llevamos al frigorífico hasta que haya endurecido. En un par de horas se puede consumir, pero recomiendo dejarla de un día para otro. En el momento de servir decoramos con unas frambuesas.

Ingredientes
(para una tarta de 20-24 cm, o dos pequeñas de 10-12 cm)

Masa quebrada de cacao:
- 200 g de harina
- 40 g de cacao puro en polvo
- Una pizca de sal
- 80 g de azúcar
- 150 g de mantequilla muy fría cortada en cuadraditos
- 2 cucharadas de vodka muy frío

Crema de chocolate blanco y mascarpone:
- 400 g de chocolate blanco
- 200 ml de nata para montar (35% de MG)
- 100 g de mantequilla
- 4 cucharadas colmadas de mascarpone (unos 200 g)

Decoración:
- Una taza de frambuesas (unos 200 g)

Tarta de trufa

Ingredientes

(para 1 molde bajo de 20 cm)

Para la base:
- 200 g de galletas de chocolate
- 80 g de mantequilla fundida

Para el relleno
- 1 sobre de preparado para flan de 4 raciones
- 50 g de azúcar
- 425 ml de nata para montar (35% de MG)
- 200 g de chocolate negro de cobertura (mínimo 70% de cacao) troceado muy finamente
- Cacao puro en polvo para espolvorear

Preparación

Comenzamos preparando la base. En un robot de cocina trituramos las galletas hasta reducirlas a polvo. Las mezclamos con la mantequilla fundida; debe tener la textura de la arena mojada. Cubrimos la base del molde, apretando bien, y reservamos en el congelador mientras continuamos preparando la tarta.

Turno del relleno. En un cazo mezclamos el preparado para flan, el azúcar y la nata y lo ponemos al fuego removiendo constantemente. Cuando empiece a estar caliente, bajamos a fuego medio, añadimos el chocolate y removemos sin cesar hasta conseguir una crema homogénea y que borbotee ligeramente. Retiramos del fuego y vertemos sobre la base que habíamos reservado antes. Dejamos enfriar a temperatura ambiente y la conservamos en el frigorífico hasta el día siguiente. Antes de servir, colocamos una plantilla sobre la tarta y espolvoreamos cacao en polvo con un colador fino.

Nota

La plantilla para decorar la tarta la compré en todostencil.com.

Tarta de chocolate, nata y caramelo

Ingredientes
(para 1 molde bajo de 18 cm)

Para la base:
- 170 g de galletas de chocolate
- 60 g de mantequilla fundida

Para la salsa de caramelo:
- 200 g de azúcar
- 100 ml de nata para montar (35% de MG) caliente
- 100 g de mantequilla

Para el relleno:
- 200 g de chocolate negro de cobertura (55% de cacao) troceado
- 200 ml de nata para montar (35% de MG)
- 50 g de mantequilla

Para la nata montada:
- 200 ml de nata para montar (35% de MG) muy fría
- 2 cucharadas de azúcar

Preparación

Comenzamos preparando la base. En un robot de cocina trituramos las galletas hasta reducirlas a polvo. Las mezclamos con la mantequilla fundida hasta conseguir una textura similar a la arena mojada. Cubrimos la base del molde, apretando bien, y reservamos en el congelador mientras continuamos preparando la tarta.

Para el ganache de caramelo ponemos el azúcar en un cazo a fuego medio hasta obtener un caramelo dorado. Añadimos la nata caliente y la mantequilla; debemos tener cuidado porque al añadir la nata borboteará. Removemos para reducir un poco y dejamos enfriar antes de usar. Vertemos sobre la base que habíamos preparado y reservamos en el frigorífico.

Preparamos ahora la crema del relleno. En un cazo calentamos la nata. Cuando llegue a ebullición, retiramos del fuego, agregamos el chocolate troceado y removemos hasta que esté disuelto. Añadimos por último la mantequilla, mezclamos y dejamos templar ligeramente. Vertemos sobre la base que teníamos reservada y guardamos en el frigorífico hasta el día siguiente.

En el momento de servir, montamos la nata muy fría con el azúcar usando un batidor de varillas eléctrico. La repartimos a cucharadas sobre la tarta y terminamos decorando con unas virutas de chocolate.

⊷ SOY ⊷ CHOCOLATERIANA: SOLO COMO CHOCOLATE

BOLLERÍA

Gofres con salsa de chocolate

Ingredientes
(para 16 gofres)

Primera mezcla:
- 400 g de harina normal
- 25 g de levadura fresca
- 125 ml de leche
- 125 ml de agua
- 25 g de azúcar glas
- 1 huevo

Segunda mezcla:
- 100 g de harina normal
- 25 g de miel
- 5 g de sal
- 1,5 g de bicarbonato sódico
- 250 g de mantequilla blandita
- 1 cucharadita de extracto de vainilla
- 300 g de azúcar perlado

Salsa de chocolate:
- 220 g de azúcar
- 180 g de agua
- 40 g de cacao puro en polvo
- 1 cucharadita de extracto de vainilla

Equipamiento:
- Gofrera

Preparación

Mezclamos en un bol los ingredientes de la primera mezcla y dejamos reposar 15 minutos. Entonces añadimos los ingredientes de la segunda mezcla, a excepción del azúcar perlado, y amasamos un poco; no hace falta trabajar la masa demasiado. Dejamos reposar la masa en el bol tapada con papel film durante una hora. Pasado ese tiempo añadimos el azúcar perlado e integramos.

Hacemos porciones de unos 90 g y dejamos reposar 15 minutos mientras vamos precalentando la gofrera (posición media). Disponemos una bola de masa en la gofrera, puede hacerse a cucharadas si la masa está poco manejable, cerramos y cocinamos durante 3 minutos. Dejamos enfriar ligeramente sobre una rejilla antes de servir con una bola de helado de chocolate y salsa de chocolate casera.

Para preparar la salsa de chocolate ponemos en un cazo el agua con el azúcar. Cuando hierva, retiramos del fuego, añadimos el cacao y la vainilla y removemos hasta obtener una crema homogénea. Volvemos a llevar al fuego y dejamos que espese ligeramente; hay que tener en cuenta que espesará aún más al enfriar. Conservamos en el frigorífico hasta que vayamos a consumir.

Berlinas rellenas de crema de cacao y avellanas

Preparación

El día anterior ponemos en un bol todos los ingredientes salvo la mantequilla y el aceite y amasamos durante unos 5 minutos. Vamos añadiendo la mantequilla poco a poco mientras seguimos amasando. Cuando esté integrada, amasamos unos 5-10 minutos más, hasta obtener una masa lisa y homogénea.

Ponemos la masa en un bol espolvoreado con harina. Tapamos con un trapo y dejamos un par de horas más o menos en un lugar templado hasta que duplique su tamaño. Pasado este tiempo, enharinamos la mesa y las manos y volvemos a amasar ligeramente. Ponemos la masa de nuevo en el bol, lo tapamos con papel film y dejamos en el frigorífico durante toda la noche o al menos 4 horas.

Al día siguiente sacamos la masa del frigorífico y enharinamos ligeramente la mesa de trabajo. Cortamos la masa en 24 porciones iguales (de 45 g aproximadamente), les damos forma de bolita y las disponemos sobre una bandeja forrada con papel vegetal. Aplastamos ligeramente cada bolita con los dedos. Tapamos la bandeja con papel film o con un trapo y dejamos reposar durante un par de horas en un lugar templado hasta que dupliquen su tamaño.

Ponemos abundante aceite de girasol en un cazo al fuego hasta que alcance los 170-180º C. Vamos friendo las berlinas en grupos de 2 o 3 como máximo. Las freímos dos minutos por cada lado. Retiramos con una espumadera y depositamos sobre papel de cocina.

Preparamos el glaseado mezclando agua y azúcar en un plato. Una vez eliminado el exceso de aceite, rebozamos las berlinas en la glasa, nos comemos 3 o 4 y pasamos el resto a una rejilla.

Una vez frías, con una manga pastelera equipada con una boquilla rellenamos generosamente las berlinas con la crema de cacao.

Ingredientes
(para 24 unidades)

- 500 g de harina de fuerza
- 60 g de azúcar
- 10 g de sal
- 15 g de levadura fresca de panadería
- 4 huevos
- 150 ml de agua
- 125 g de mantequilla en pomada
- Abundante aceite de girasol, para freír

Glaseado:
- 200 g de azúcar glas con 4 cucharadas de azúcar

Relleno:
- 1 bote de crema de cacao con avellanas

Rollitos de chocolate al vapor

Ingredientes

(para 8 unidades)

- 400 g de harina normal
- 10 g de levadura fresca
- 20 ml de aceite de girasol
- 180 g de agua
- 100 g de azúcar
- 1 cucharada colmada de cacao (15 g) mezclada con una cucharada de agua
- 1 pizca de sal

Preparación

Mezclamos los ingredientes con excepción del cacao y amasamos durante 10-15 minutos hasta obtener una masa lisa y homogénea. Dividimos la masa en dos partes; a una de las mitades le añadimos la pasta de cacao y amasamos hasta integrar. Dejamos reposar la masa 15 minutos tapada con un trapo limpio para que luego sea más fácil estirarla.

Con ayuda de un rodillo, estiramos cada una de las masas para formar un rectángulo de 20×30 cm aproximadamente. Con un pincel mojamos con agua la masa blanca y colocamos encima la masa con cacao. Volvemos a poner agua sobre la masa de cacao y enrollamos como si fuese un brazo de gitano. Cortamos en ocho porciones y las dejamos reposar durante 30 minutos tapadas con un trapo limpio.

Mientras, vamos preparando la cazuela donde coceremos el pan al vapor. Colocamos el pan sobre la bandeja de vapor forrada con papel de hornear y cocinamos unos 15 minutos. Dejamos enfriar y servimos.

Notas

Se trata de un pan semidulce, pensado para tomar abierto por la mitad y relleno con mantequilla, mermelada, crema de cacao... También puede cortarse en rebanadas y tostarse.

Según el tipo de harina puede ser necesario añadir más agua a la masa.

Napolitanas

Preparación

Unimos todos los ingredientes de la masa a excepción del chocolate y la mantequilla. Amasamos 10-15 minutos, hasta que obtengamos una masa suave, plegable y ligeramente brillante. Después formamos una bola con la masa, girándola y doblándola hacia el interior, y la depositamos en un bol ligeramente enharinado. Hacemos un corte en forma de cruz y la dejamos reposar en el frigorífico, tapada con un plástico, durante dos horas como mínimo, preferiblemente toda la noche. Pasado ese tiempo, enharinamos la superficie de trabajo y extendemos la masa abriendo las puntas cortadas, dándole forma de cruz; el centro quedará ligeramente abultado. Sacamos la mantequilla del frigorífico, la colocamos entre dos papeles de hornear o dos plásticos y la golpeamos hasta formar un cuadrado que cubra el centro de nuestra masa. La mantequilla deberá estar fría, igual que la masa, pero habrá de ser flexible (al doblarla no se rompe).

Colocamos la mantequilla en el centro de la masa y vamos plegando sobre ella cada una de las cuatro puntas para encerrarla. Con ayuda de un rodillo y moviéndonos siempre en la misma dirección, estiramos la masa hasta obtener un rectángulo de 70 cm de largo. La presión que ejercemos debe ser uniforme para que la mantequilla se distribuya de forma homogénea entre las dos capas de masa, sin salirse ni romperse.

Esta masa la volvemos a doblar en tres partes, doblando cada tercio de los extremos hacia el centro de tal manera que uno de los extremos quede por encima del otro. La colocamos sobre una bandeja, la tapamos con papel film y la dejamos reposar en el frigorífico por lo menos 30 minutos. Volvemos a estirar la masa con el rodillo y repetimos esta operación otras dos veces más, para lograr las capas de hojaldre de las napolitanas.

Ingredientes
(para 16 unidades)

- 300 g de harina de fuerza
- 200 g de harina normal
- 25 g de levadura fresca de panadería
- 50 g de azúcar
- 10 g de sal
- 1 huevo
- 125 ml de leche
- 125 ml de agua
- 200 g de mantequilla fría
- Barritas de chocolate negro
- 1 huevo para pincelar la masa

Para el almíbar:
- 50 ml de agua
- 100 g de azúcar

Extendemos la masa formando un rectángulo de 30×75 cm aproximadamente y cortamos rectángulos de masa. Colocamos dos barritas de chocolate sobre cada rectángulo y enrollamos la masa por los extremos para cubrir las barritas. Vamos depositando las napolitanas sobre bandejas de horno forradas de papel de hornear con el cierre hacia abajo. Después pincelamos con cuidado con huevo batido y dejamos levar unas dos horas en un lugar templado y sin corrientes de aire.

Precalentamos el horno a 200º C, introducimos las napolitanas y horneamos unos 20 minutos. Mientras, preparamos el almíbar: ponemos el agua y el azúcar en un cuenco al fuego y dejamos hervir 2 minutos.

Cuando saquemos las napolitanas del horno, las bañamos en el almíbar y dejamos enfriar. Si no las consumimos en el día, las congelamos y cuando las vayamos a consumir las introducimos 15 minutos en el horno precalentado a 180º C.

Bambas de nata y chocolate

Para empezar preparamos el prefermento. Mezclamos todos los ingredientes, formamos una bola y dejamos levar en un bol tapado con un paño hasta que la masa duplique su volumen, lo que lleva unas dos o tres horas. Una vez lista la masa madre, la mezclamos con el resto de los ingredientes de la masa de las bambas, salvo la mantequilla, y amasamos bien.

Agregamos entonces la mantequilla y continuamos amasando hasta que la masa esté elástica y homogénea. Formamos una bola, la ponemos en un bol y dejamos reposar un par de horas en un lugar cálido tapado con un paño; yo suelo usar el microondas apagado.

Pasado este tiempo, aplastamos un poco la masa para desgasificarla y la dividimos en porciones de unos 80 g. Formamos una bolita con cada una de ellas, las disponemos sobre una bandeja de horno forrada con papel vegetal y las aplastamos ligeramente para que tengan forma achatada. Dejamos reposar tapadas con un paño mientras precalentamos el horno a 180º C. Horneamos unos 10 minutos, retiramos y dejamos enfriar sobre una rejilla.

Para preparar el glaseado de chocolate, mezclamos en primer lugar el azúcar y el agua y lo ponemos a hervir. Cuando hierva, retiramos del fuego y añadimos el chocolate troceado; removemos hasta obtener una mezcla homogénea. Introducimos la parte superior de las bambas ya frías de una en una en el glaseado de chocolate y giramos para retirar el exceso de chocolate. Dejamos solidificar la cobertura antes de rellenar y decoramos con unos cacahuetes troceados si lo deseamos.

Para preparar la nata montada del relleno ponemos la nata y el azúcar en un bol amplio y batimos con las varillas eléctricas a máxima velocidad hasta que esté bien montada. Abrimos las bambas por la mitad con un cuchillo de sierra y rellenamos generosamente con nata montada.

Ingredientes
(para 12 unidades)

Masa:
- Prefermento: 125 g de harina de fuerza, 75 ml de agua, 25 g de levadura fresca
- 400 g de harina de media fuerza
- 100 g de azúcar
- 2 cucharadas de miel
- 80 g de mantequilla a temperatura ambiente
- 5 g de sal
- 2 huevos
- 125 ml de agua

Cobertura de chocolate:
- 200 g de azúcar glas
- 75 ml de agua
- 150 g de chocolate para fundir

Relleno de nata:
- 200 g de nata para montar (35% de MG) muy fría
- 2 cucharadas colmadas de azúcar

Nota

Si no tienes harina de media fuerza puedes usar 200 g de harina de fuerza y 200 g de harina normal.

Babka de chocolate

Ingredientes

(para un molde de pan de
1 l de capacidad)

Para la masa:
- 500 g de harina de fuerza
- 100 g de azúcar
- 100 g de mantequilla
  en pomada
- 1 huevo
- 25 g de levadura fresca
- Una pizca de sal
- 200 ml de leche
- 150 g de chocolate (55%
  cacao) picado finamente

Para el almíbar:
- 50 ml de agua
- 100 g de azúcar

Preparación

Unimos todos los ingredientes de la masa a excepción del chocolate. Amasamos 10-15 minutos hasta que obtengamos una masa suave, plegable y ligeramente brillante. Formamos una bola con la masa, girándola y doblándola hacia el interior, y la dejamos reposar en un bol ligeramente enharinado, tapada con un paño, durante unas dos horas; tras este tiempo la masa deberá haber duplicado su volumen.

Sacamos la masa del bol y la desgasificamos ligeramente, tocándola y aplastándola con los dedos. Estiramos la masa formando un rectángulo de 30×40 cm aproximadamente, repartimos el chocolate troceado por toda la superficie y enrollamos la masa como si fuese un brazo de gitano. Doblamos la masa sobre sí misma y retorcemos los dos extremos, formando una especie de trenza sencilla. Ponemos en un molde de cake o pan de molde y dejamos reposar 1 o 2 horas.

Precalentamos el horno a 170º C, introducimos el babka y horneamos unos 45 minutos. Mientras, preparamos el almíbar; para ello ponemos el agua y el azúcar en un cuenco al fuego y dejamos hervir 2 minutos. Cuando saquemos el babka del horno, lo bañamos en el almíbar y dejamos enfriar.

CONSUMIR
CHOCOLATE RETRASA
EL EVEJECIMIENTO.
A ESTAS ALTURAS
YA DEBO DE SER
INMORTAL

TRUFAS, TABLETAS Y BOMBONES

Salami de chocolate

Ingredientes

(para 2 salamis)

- 350 g de chocolate (de 55% a 70% de cacao)
- 125 g de nata para montar (35% de MG)
- 75 g de mantequilla
- 150 g de una mezcla de galletas, pistachos, almendras, piñones y pasas troceados
- 100 g de azúcar glas

Preparación

Calentamos la nata y retiramos del fuego antes de que llegue a hervir. Añadimos el chocolate troceado, removemos hasta que se disuelva por completo y dejamos enfriar la crema un poco. Incorporamos la mantequilla y removemos hasta que se integre completamente. Después agregamos la mezcla de frutos secos, pasas y galletas y luego mantenemos en el frigorífico hasta que tenga cuerpo —al menos un par de horas— y se le pueda dar forma.

Colocamos la mitad de la masa sobre un rectángulo de papel film, con el que nos ayudamos para enrollarlo y darle forma de salami. Lo guardamos en el frigorífico y repetimos el proceso con la mitad restante.

Antes de servir, retiramos el papel film y pasamos el salami por azúcar glas, eliminando el exceso con un pincel. Cortamos en lonchas para servir.

Nota

La receta puede personalizarse añadiendo una cucharada de algún alcohol, tipo amaretto, o especias.

Mona de Pascua

Preparación

Comenzamos atemperando el chocolate según se explica en la página 10.

Con un cucharón rellenamos completamente las dos mitades del molde que vayamos a usar para formar una figura en tres dimensiones. El objetivo es que toda la superficie del molde quede cubierta de chocolate. Damos unos golpecitos para eliminar posibles burbujas y volcamos el molde sobre un cuenco amplio para recoger el exceso de chocolate. Le damos la vuelta al molde nuevamente y con una espátula limpiamos la superficie retirando el chocolate sobrante.

Ponemos el molde boca abajo sobre una bandeja forrada con papel de hornear y dejamos que se endurezca el chocolate en un lugar fresco y seco. Puede hacerse también en el frigorífico, aunque por el tema de la humedad es preferible no usarlo si puede evitarse.

Desmoldamos las dos mitades de la figura de chocolate golpeando ligeramente el molde contra la superficie de trabajo. Si el chocolate está bien templado, debería poder desmoldarse con facilidad, ya que uno de los efectos de atemperar el chocolate es que este se contrae.

Para pegar las dos mitades de la figura colocamos cada mitad sobre una bandeja caliente durante unos segundos e inmediatamente unimos ambas partes. Presionamos levemente con las manos y aguantamos unos segundos hasta que ambas mitades queden unidas. Para calentar la bandeja puede meterse unos minutos en el horno, utilizar un soplete de cocina o incluso un secador de pelo.

Ingredientes

- 250 g de chocolate negro, de 55% a 75% cacao

Equipamiento:
- Molde para hacer figuras de chocolate

Notas

Es recomendable usar guantes de vinilo para manipular el chocolate, de esta manera evitaremos dejar huellas. Especialmente cuando trabajamos con moldes grandes, la capa de chocolate debe ser más gruesa, por lo que puede ser necesario dar dos capas de chocolate en lugar de una.

Los moldes pueden limpiarse con algodón y alcohol de 90º C. Antes de cerrar las dos mitades puede guardarse alguna sorpresa en el interior.

Trufas

Ingredientes

(para 24 trufas)

- 250 g de chocolate negro de cobertura (de 55% a 70% de cacao) troceado
- 200 ml de nata para montar (35% de MG)
- 50 g de mantequilla
- Una pizca de sal
- Cacao puro en polvo para espolvorear

Preparación

En un cazo calentamos la nata con la sal. Cuando llegue a ebullición, retiramos del fuego, agregamos el chocolate troceado y removemos hasta que esté disuelto. Añadimos por último la mantequilla, mezclamos y dejamos enfriar, primero a temperatura ambiente y luego en el frigorífico en un recipiente hermético, hasta que se le pueda dar forma con las manos.

Vamos sacando porciones de masa de chocolate y les damos forma de bolita con las manos. Después espolvoreamos con cacao y conservamos en el frigorífico hasta el momento de consumir.

Nota

Para darles forma con el sello, metemos tanto la trufa como el sello en el congelador. Cuando ambos estén congelados, pasamos la trufa por cacao y presionamos con el sello para que quede la forma grabada en la trufa. Los sellos de las fotos podéis encontrarlos en Etsy.com.

Lego de chocolate

Ingredientes
(para 48 bombones)

- 300 g de chocolate de cobertura en gotas o troceado, para que todas las piezas sean del mismo color

Equipamiento:
- Molde para bombones
- Termómetro para chocolate

Notas

Si quieres piezas de distintos colores, utiliza 100 g de cada tipo de chocolate y prescinde del atemperado.

Los moldes con forma de figurita de Lego los compré en Etsy.com. Son de silicona, que no es lo ideal para bombones; los mejores son los de policarbonato, pues proporcionan un mayor brillo.

Preparación

Ponemos el chocolate en un bol apto para microondas, preferiblemente de plástico, y programamos de 30 en 30 segundos, removiendo cada vez, hasta que esté fundido y haya alcanzado las siguientes temperaturas:

- Cobertura negra: 50º C
- Chocolate con leche: 45º C
- Chocolate blanco: 45º C

A continuación podemos usar varios métodos para atemperar el chocolate, tal y como se explica en la página 10. En caso de optar por el sistema de "mesa" o tradicional, vertemos dos terceras partes del chocolate en una mesa de mármol o similar y, con una espátula, lo vamos moviendo y recogiendo hasta que alcance las siguientes temperaturas:

- Cobertura negra: 28-29º C
- Chocolate con leche: 27-28º C
- Chocolate blanco: 26-27º C

Añadimos el chocolate de la mesa al que habíamos reservado previamente y removemos. La temperatura deberá ser de:

- Cobertura negra: 30-31º C
- Chocolate con leche: 29-30º C
- Chocolate blanco: 28-29º C

Vertemos el chocolate sobre el molde y lo golpeamos para rellenar bien los dibujos y eliminar las burbujas. Con una espátula, retiramos el chocolate sobrante. Dejamos solidificar en un lugar fresco. Entonces desmoldamos. Si el chocolate está atemperado, debería desmoldarse con facilidad al golpear ligeramente el molde. Si se emplea un molde de silicona, se desmoldan simplemente retirando el molde.

Tableta Tronco

Comenzamos fundiendo y atemperando los chocolates tal y como se explica al inicio del libro. Después vertemos una cucharada de chocolate blanco sobre la lámina y la extendemos con una espátula, hasta que quede lo más fina posible. Dejamos endurecer; puede hacerse en el frigorífico para acelerar el proceso.

Sobre la capa de chocolate blanco vertemos una capa gruesa de chocolate negro atemperado. Con una espátula alisamos la superficie y dejamos endurecer. Antes de que endurezca del todo, cortamos los bordes para darles forma rectangular. Una vez el chocolate esté totalmente solidificado, despegamos con cuidado la lámina.

Ingredientes
(para 1 tableta)

- 50 g de chocolate blanco
- 250 g de chocolate negro (mínimo 60% de cacao)
- 1 lámina de silicona con textura de tronco (opcional)

Nota

Si no dispones de lámina con textura de tronco, puedes preparar la receta de la siguiente manera. En una lámina de silicona o una hoja de acetato vertemos una cucharada de chocolate blanco y la extendemos con una espátula de codo, dejándola lo más fina posible, translúcida. Con un tenedor o una brocheta vamos dibujando la corteza de un árbol en el chocolate, trazando líneas y círculos, intentando emular una auténtica corteza. Dejamos solidificar. Sobre la capa de chocolate blanco vertemos una capa gruesa de chocolate negro atemperado. Con una espátula alisamos la superficie y dejamos endurecer. Antes de que endurezca por completo, cortamos los bordes para darles forma rectangular. Una vez que el chocolate esté totalmente solidificado, despegamos la lámina con cuidado.

Turrón Dulcey

Primero preparamos el caramelo. Para ello ponemos el azúcar en un cazo a fuego medio. Cuando se haga un caramelo dorado, retiramos del fuego y añadimos la nata y la mantequilla; cuidado porque el borboteo es bastante fuerte. Volvemos a llevar al fuego, añadimos una pizca de sal y cocinamos un minuto o dos hasta obtener una crema suave y untuosa. Hay que tener en cuenta que cuando enfríe se pondrá más sólida. Si se solidifica el caramelo al añadir la nata, basta con llevar al fuego y remover hasta que se disuelva. Se puede evitar poniendo la nata caliente. Por último dejamos enfriar a temperatura ambiente.

Fundimos el chocolate blanco y atemperamos. Vertemos el chocolate en el molde de turrón, lo movemos para cubrir bien todo el molde y lo colocamos boca abajo sobre un bol para que escurra el chocolate sobrante. Con una espátula retiramos el chocolate sobrante de los bordes del molde. Mantenemos en el frigorífico hasta que solidifique y reservamos el chocolate que sobre.

Mientras, preparamos la crema de Dulcey. Ponemos la nata en el fuego y llevamos a ebullición. Cuando hierva, retiramos y añadimos el chocolate Dulcey troceado. Dejamos reposar 5 minutos y removemos hasta que esté completamente disuelto. Añadimos la mantequilla y movemos hasta que se integre. Podemos volver a ponerlo a fuego suave si el calor residual es insuficiente para fundir el chocolate o la mantequilla. Dejamos enfriar a temperatura ambiente.

Sacamos el molde de turrón del frigorífico y agregamos unas cucharadas de salsa de caramelo, ya a temperatura ambiente o fría. Volvemos a introducir en la nevera hasta que la crema Dulcey esté fría. Si en ese momento la crema ya estuviese fría la pondríamos directamente.

Sacamos de nuevo el molde del frigorífico y ponemos ahora unas cucharadas de crema de Dulcey, sin llegar al borde.

Ingredientes
(para 2 turrones)

Para la cobertura:
• 300 g de chocolate blanco

Para el relleno de chocolate Dulcey:
• 200 g de chocolate Dulcey
• 150 ml de nata para montar (35% de MG)
• 50 g de mantequilla

Para el caramelo:
• 200 g de azúcar
• 100 ml de nata para montar (35% de MG)
• 100 g de mantequilla
• Una pizca de sal

Lo conservamos en la nevera al menos un par de horas para que esta capa solidifique.

Pasado este tiempo, fundimos y atemperamos de nuevo el chocolate restante y lo vertemos sobre la capa de crema de Dulcey. Mantenemos en el frigorífico hasta el momento de consumir, cuando lo desmoldamos y servimos.

Podemos usar un sello y colorantes alimentarios para estampar una imagen en el turrón. Podéis utilizar una esponja de maquillaje para impregnar el sello con la tinta, un pincel si tenéis mucha paciencia o –la mejor opción para mí– una almohadilla sin entintar. Si no disponéis de nada de esto, también puede emplearse papel de cocina, aunque los resultados son peores. Para estampar chocolate os recomiendo usar sellos sencillos, ya que tiene su dificultad. Haced siempre pruebas sobre papel antes de estampar el chocolate.

Chocolate fudge

Ingredientes

- 200 g de chocolate negro de cobertura (55% de cacao)
- 200 g de leche condensada
- 50 g de mantequilla
- 200 g de chocolate blanco de cobertura (opcional)

Preparación

Comenzamos preparando la capa decorativa de chocolate blanco, si es que la vamos a usar. Fundimos y atemperamos el chocolate blanco, tal y como se explica al comienzo del libro. Lo vertemos sobre una lámina de silicona con diseño de cesta y lo dejamos endurecer. Cortamos un rectángulo del tamaño de nuestro fudge, y despegamos la lámina. Reservamos.

Preparamos ahora el fudge en sí. Ponemos un cazo al fuego con la leche condensada y el chocolate negro troceado y removemos hasta que esté fundido. Agregamos la mantequilla y removemos de nuevo hasta integrarla en la crema. Vertemos la mezcla en un molde rectangular, alisando la superficie con una espátula, y dejamos enfriar ligeramente. Colocamos la lámina de chocolate sobre el fudge, antes de que haya enfriado por completo para que se quede pegado.

Lo llevamos al frigorífico hasta el día siguiente, cuando lo serviremos cortado en cuadraditos.

Nota

Podéis añadir al fudge frutos secos o pasas. Puede prepararse prescindiendo de la capa de chocolate superior, que es más bien decorativa.

MI CORAZÓN
choco-late

VERSIÓN
CASERA

Kinder Bueno

Ingredientes

(para 12 unidades)

- 250 g de chocolate con leche
- 50 g de chocolate negro
- Crema de chocolate blanco y avellanas: 75 g de avellanas tostadas y peladas, 50 g de azúcar invertido, 25 g de glucosa, 50 ml de leche, 200 g de chocolate blanco
- 4 obleas de barquillo, cuadradas o rectangulares

Notas

La receta puede prepararse con crema de chocolate blanco y avellanas comprada. Si optamos por esta opción, el Kinder Bueno puede conservarse fuera del frigorífico, en un lugar fresco y seco hasta una semana.

La glucosa es muy pegajosa, así que lo mejor es humedecer la cuchara antes de sacar una cucharada. El molde lo compré en spinning-leaf.com.

Preparación

Comenzamos preparando la pasta de avellanas. Ponemos en un robot de cocina 75 g de avellanas tostadas y peladas y las trituramos hasta que se forme una pasta muy fina. Por otro lado, calentamos la leche, la apartamos del fuego y añadimos el chocolate blanco troceado. Removemos hasta que se disuelva completamente. Incorporamos la glucosa y removemos bien. Por último agregamos el azúcar invertido hasta obtener una crema lisa. Ponemos el chocolate con la pasta de avellanas en el robot de cocina y volvemos a batir la mezcla hasta obtener una textura homogénea, sin grumos. Dejamos enfriar.

Fundimos y atemperamos el chocolate con leche. Vertemos el chocolate atemperado en los moldes, llenando las cavidades, golpeamos ligeramente el molde para quitar las burbujas y lo ponemos boca abajo para eliminar el chocolate sobrante. Pasamos una espátula sobre el molde para limpiar los restos de chocolate y dejamos que se endurezca el chocolate.

Ponemos la crema de avellanas en una manga pastelera y rellenamos las cavidades del molde.

Cortamos las obleas de barquillo del tamaño de nuestro molde y colocamos una porción sobre la pasta de avellanas en cada una de las cavidades del molde. Cubrimos con más chocolate fundido y nuevamente eliminamos el exceso de chocolate con el borde de una espátula.

Cuando el chocolate haya endurecido (si lo hace a temperatura ambiente mejor; si no, lo metemos en la nevera hasta que lo haga) desmoldamos con cuidado. Decoramos con unas tiras de chocolate negro fundido. Conservamos en el frigorífico hasta su consumo, mejor en el mismo día.

Huesitos

Preparación

Comenzamos preparando los "lacres" de chocolate. Primero introducimos los sellos de lacre en el congelador. Después fundimos el chocolate negro y lo atemperamos.

Sobre una bandeja forrada con papel de hornear depositamos media cucharadita de chocolate templado. Sacamos el sello del congelador, lo colocamos sobre el chocolate y lo mantenemos unos segundos. Lo retiramos (deberá salir limpiamente) y dejamos solidificar el lacre de chocolate sin moverlo en un lugar fresco; podemos meterlo en el frigorífico para que solidifique más rápidamente. Repetimos el proceso hasta tener los lacres que necesitemos. Importante: hay que volver a introducir el sello en el congelador para que mantenga la temperatura. Cuando tengamos todos los lacres los reservamos.

Con un cuchillo untamos una capa de crema de cacao y avellanas en las obleas de helado y las pegamos de cuatro en cuatro. Tendremos 5 galletas gigantes. Introducimos en el frigorífico para que luego sea más fácil cortarlas, por lo menos un par de horas. Pasado este tiempo, fundimos el chocolate blanco con la manteca de cacao y atemperamos.

Ahora cortamos en dos cada galleta gigante, para obtener dos rectángulos. Bañamos cada galleta en el chocolate, escurrimos bien y lo depositamos sobre papel de hornear. Antes de que solidifique por completo, colocamos un lacre encima a modo de decoración. Se conservan varios días en un recipiente hermético en un lugar fresco.

Ingredientes

(para 10 unidades)

- 1 paquete de obleas rectangulares para helado de corte (20 láminas)
- 200 g de crema de cacao con avellanas

Para la cobertura de chocolate blanco:
- 300 g de chocolate blanco troceado
- 30 g de manteca de cacao

Para los lacres de chocolate negro:
- 150 g de chocolate negro (70% de cacao)

Nota

Los sellos para lacre los adquirí en Etsy.com. Pueden encargarse sellos personalizados.

KitKat gigante

Comenzamos decidiendo qué método de atemperado utilizar de los que vienen explicados al principio del libro, en las páginas 10-13.

Para aquellas personas que no tienen termómetro de cocina, en esta receta recomiendo el templado en microondas como única alternativa posible. No es un método ortodoxo ni exacto como el resto, sino más bien de andar por casa. Es una especie de atemperado por siembra, pero sin controlar la temperatura con un termómetro.

Para usar este método, en primer lugar debemos trocear el chocolate. Ponemos aproximadamente el 75% del chocolate que vayamos a fundir, en este caso unos 600 g, en un cuenco apto para microondas, preferiblemente de plástico ya que no se calienta y hace que el fundido sea más uniforme. Introducimos el cuenco en el microondas a unos 600 W y programamos 30 segundos. Pasado este tiempo retiramos el bol, lo removemos y lo volvemos a introducir para calentarlo otros 30 segundos.

Repetimos el proceso tantas veces como sea necesario hasta que el chocolate se derrita por completo. Una vez fundido, añadimos el 25% del chocolate restante (150 g), muy troceado, y removemos hasta que los trozos se hayan disuelto completamente. Cuando el chocolate esté listo debemos usarlo de inmediato.

Recordad que para atemperar son tan importantes las temperaturas como el movimiento, es decir, no basta con añadir chocolate sin fundir para bajar la temperatura sino que es necesario remover hasta que el producto se disuelva.

Ahora vamos con la preparación del molde. Para decorar el KitKat como se ve en las fotos de esta receta podemos usar sellos transparentes de silicona (no valen los de caucho, tienen que ser de los que se pegan solos a una superficie) de los que se usan en manualidades tipo *scrapbooking,* es-

Ingredientes
(para un molde de plum cake de 1 l de capacidad)

- 750 g de chocolate con leche de cobertura
- 250 g de galletas de barquillo rellenas de chocolate

Nota

Cuando ya tengamos nuestro KitKat gigante desmoldado tan solo tendremos que retirar del chocolate los sellos que hayamos usado con mucho cuidado, así la impresión no se romperá.

tampado con sellos, etcétera, y que pueden adquirirse en papelerías o en tiendas especializadas en manualidades. Pegamos el sello o los sellos elegidos en la base del molde. Pasamos el dedo por encima de cada uno de ellos para asegurarnos de que quedan bien adheridos y de que no quedan huecos por los que pueda introducirse el chocolate fundido.

A continuación, vertemos una tercera parte del chocolate en el molde y le damos unos golpecitos contra la mesa para que se alise la superficie del chocolate y desaparezcan las burbujas que hayan podido formarse. Seguidamente colocamos las galletas por filas sobre la capa de chocolate, procurando que queden pegadas las unas a las otras y que no queden huecos. Una vez alineadas las galletas vertemos con cuidado el resto del chocolate por encima de ellas.

Dejamos solidificar el KitKat gigante a temperatura ambiente. Cuando el chocolate haya solidificado desmoldamos con cuidado. Si hemos hecho el atemperado correctamente se desmoldará con facilidad dando unos golpecitos en la base del molde.

Milka Tender

Preparación

Preparamos el bizcocho en primer lugar. Precalentamos el horno a 180º C y forramos una bandeja apta para horno con papel vegetal. Con un batidor de varillas eléctrico montamos a máxima potencia los huevos con el azúcar durante 5-10 minutos, hasta que la mezcla triplique su tamaño. Agregamos el aceite y mezclamos bien. Añadimos por último la harina tamizada con la levadura y mezclamos con una espátula con movimientos envolventes. Vertemos la masa sobre la bandeja de horno que habíamos preparado, procurando dejarla fina. Horneamos unos 8 minutos y retiramos del horno. Cortamos la plancha de bizcocho en 6 rectángulos, los colocamos sobre un trapo limpio, los enrollamos como minibrazos de gitano y dejamos enfriar así.

Preparamos la crema del relleno. En un bol amplio disponemos la nata, el azúcar y el cacao y batimos con un batidor de varillas a máxima potencia hasta montar, con cuidado de no pasarnos o se separará el suero de la materia grasa y haremos mantequilla.

Desenrollamos los minibrazos y repartimos la crema de cacao en la superficie. Volvemos a enrollar, dejando siempre el cierre hacia abajo, y mantenemos en el frigorífico mientras preparamos la cobertura de chocolate.

Fundimos el chocolate troceado con la manteca de cacao. Sacamos los brazos de la nevera y bañamos cada porción en chocolate. Las disponemos sobre papel de hornear y decoramos con unas tiras de chocolate que dejaremos caer con una cuchara. Guardamos en el frigorífico hasta su consumo.

Ingredientes
(para 6 unidades)

Para el bizcocho:
- 3 huevos
- 75 g de azúcar
- 30 ml de aceite de girasol
- 75 g de harina
- 1 cucharadita de levadura química

Para el relleno:
- 250 ml de nata para montar (35% de MG)
- 2 cucharadas de azúcar
- 1 cucharada de cacao puro en polvo

Para la cobertura:
- 250 g de chocolate con leche (34% de cacao)
- 25 g de manteca de cacao (opcional)

Notas

La manteca hace que el chocolate fundido se vuelva más fluido con lo que se logra un baño con un acabado más fino, pero no es imprescindible para la receta.

Bollicaos

Ingredientes

(para 20 bollicaos)

- 500 g de harina de fuerza
- 25 g de levadura fresca
- 250 ml de leche
- 75 ml de yogur
- 75 g de mantequilla en pomada
- 75 g de azúcar
- 1 cucharadita de miel
- 1 cucharadita de sal
- 200 g de crema de cacao
  y avellanas

Preparación

La tarde/noche anterior, en un bol amplio ponemos todos los ingredientes, a excepción de la crema de cacao. Intentaremos que la levadura no entre en contacto con la sal y el azúcar inicialmente. Mezclamos todos los ingredientes y cuando tengamos una bola irregular, la pasamos a una superficie de trabajo, donde comenzaremos a amasar, estirando y plegando la masa sobre sí misma. Al principio será bastante pegajosa, pero a medida que vayamos trabajándola se volverá más manejable. Amasamos unos 15 minutos (este proceso puede hacerse en un robot de cocina con el gancho amasador).

Finalmente hacemos una bola, la depositamos en un bol y lo tapamos con papel film. Lo dejamos en el frigorífico hasta el día siguiente. Si no puede esperarse tanto tiempo, basta con dejarlo dos horas en un lugar cálido, hasta que la masa duplique su volumen.

Al día siguiente, cortamos la masa en porciones (unas 20, dependiendo del tamaño que queramos hacer los bollicaos). Estiramos cada porción formando un rectángulo. Con una manga pastelera, ponemos una tira de crema de cacao y avellanas a lo largo de cada rectángulo y enrollamos la masa alrededor de la misma, sellando bien los bordes para que no se salga durante la cocción. Dejamos los bollitos con el cierre hacia abajo sobre una bandeja forrada con papel de hornear y tapados con un trapo, para que crezcan durante una hora.

Precalentamos el horno a 180º C, pincelamos los bollos con un poco de leche y horneamos durante unos 12-15 minutos, hasta que hayan adquirido un color marrón claro. Dejamos enfriar sobre una rejilla.

Phoskitos

En primer lugar preparamos el bizcocho. Precalentamos el horno a 180º C y forramos una bandeja con papel vegetal. Montamos los huevos con el azúcar durante 5-10 minutos, hasta que triplique su tamaño. Agregamos el aceite y mezclamos bien. Añadimos por último la harina tamizada con la levadura y mezclamos con una espátula con movimientos envolventes. Vertemos la masa sobre la bandeja de horno que habíamos preparado, procurando que quede una capa fina. Entonces horneamos unos 8 minutos, retiramos del horno, colocamos sobre un trapo limpio, enrollamos la plancha de bizcocho como un brazo de gitano y dejamos enfriar así.

Preparamos la crema de mantequilla. Comenzamos poniendo a hervir el agua y el azúcar, removiendo al principio hasta que el azúcar se disuelva. Cuando comience a hervir lo dejamos un minuto y retiramos del fuego. Montamos la clara con un batidor de varillas a velocidad máxima. Cuando esté medio montada, sin cesar de batir, vamos añadiendo el almíbar caliente en hilo, muy lentamente. Continuamos batiendo hasta que se enfríe la mezcla y hayamos obtenido un merengue brillante y esponjoso. En un bol aparte batimos la mantequilla y acto seguido añadimos el merengue. Seguimos batiendo a máxima velocidad hasta obtener una crema blanquecina y muy esponjosa.

Desenrollamos el bizcocho y lo untamos con la crema de mantequilla. Volvemos a enrollar y lo mantenemos en el frigorífico mientras preparamos la cobertura de chocolate.

Fundimos el chocolate troceado con la manteca de cacao. Sacamos el brazo del frigorífico y troceamos en porciones de un dedo aproximadamente. Bañamos cada porción en chocolate y las dejamos sobre papel de hornear. Antes de que solidifique, colocamos una hoja de transfer encima con la parte rugosa hacia abajo. Cuando el chocolate haya solidificado, retiramos el transfer y servimos.

Ingredientes
(para 8 unidades)

Para el bizcocho:
- 3 huevos
- 75 g de azúcar
- 40 ml de aceite de girasol
- 75 g de harina
- 1 cucharadita de levadura química

Para el relleno:
- 50 g de azúcar
- 20 ml de agua
- 1 clara de huevo pasteurizada
- 150 g de mantequilla en pomada

Para la cobertura:
- 250 g de chocolate
- 40 g de manteca de cacao
- Transfer para chocolate

Nota

Si el relleno te parece demasiado complicado, puedes sustituirlo por nata montada con azúcar. Las hojas de transfer pueden adquirirse en numerosas tiendas online de repostería como enjuliana.com o megasilvita.com.

Donuts Fondant

Ingredientes
(para 24 unidades)

Para los donuts:
- 300 g de harina de fuerza
- 200 g de harina normal
- 100 g de azúcar
- 5 g de sal
- 8 g de levadura química
- 10 g de levadura seca de panadería (2 sobres)
- 200 ml de leche
- 1 huevo
- 40 g de manteca de cerdo ibérico a temperatura ambiente

Para el glaseado de chocolate:
- 50 g de chocolate con leche
- 5 g de cacao puro en polvo
- 250 g de azúcar glas, tamizado
- 1 cucharadita de extracto de vainilla
- 3 cucharadas de agua (45 ml)

Notas

La manteca de cerdo puede sustituirse por mantequilla.

En lugar de levadura seca pueden usarse 30 g de levadura fresca.

Si quedan burbujas en el glaseado podemos explotarlas con un palillo antes de que la cobertura solidifique.

Preparación

Vamos a comenzar mezclando bien harinas, azúcar, sal y levaduras. Añadimos la leche y el huevo batido y amasamos durante unos 5 minutos.

Agregamos la manteca y amasamos hasta obtener una masa lisa y homogénea. Podemos enharinar la mesa de trabajo si la masa es demasiado pegadiza, pero os recomiendo no añadir demasiada harina o cambiará la textura de la masa y los donuts no quedarán tan esponjosos. Formamos una bola y la dejamos reposar tapada en un lugar templado durante 1 o 2 horas, hasta que duplique su volumen.

Pasado ese tiempo, estiramos la masa con ayuda de un rodillo sobre una superficie enharinada, dejando 1,5 cm de grosor. Cortamos con dos cortapastas de diferentes diámetros para dar forma a los donuts o con un molde para donuts. Depositamos los donuts en una bandeja forrada con papel de hornear y los dejamos reposar tapados en un lugar templado de 30 minutos a una hora.

Ponemos abundante aceite de girasol en una sartén honda y lo calentamos; lo ideal es a 160º C. Freímos los donuts por tandas, con cuidado de que no se quemen y de que queden bien hechos por dentro. Vamos sacándolos y depositándolos sobre papel de cocina para eliminar el exceso de aceite. Una vez fríos, los rebozamos en el glaseado de cacao.

Para preparar el glaseado de cacao fundimos el chocolate troceado. Aparte, mezclamos la vainilla, el azúcar, el cacao y el agua, y removemos hasta obtener una pasta sin grumos. Unimos ambas mezclas y removemos de nuevo. Probamos a cubrir un donut sumergiéndolo en el glaseado hasta la mitad y lo giramos para eliminar el exceso. Si el glaseado tiene la textura correcta continuamos con el resto de donuts. Si está demasiado sólido añadimos media cucharada de agua y si está demasiado líquido, esperamos un poco a que el chocolate se enfríe y se vuelva más denso. Cuando tengamos todos los donuts terminados los dejamos sobre una rejilla hasta que solidifique el baño.

LAS COSAS CLARAS

Y EL

CHOCOLATE

DE CUALQUIER

MANERA

BOCADOS EXQUISITOS

Croquetas de chocolate

Ingredientes
(para 20 unidades)

- 200 ml de nata para montar (35% de MG)
- 200 g de chocolate negro (mínimo 55% de cacao)
- 2 huevos
- 1 taza de pan rallado
- Aceite de oliva virgen extra para freír

Preparación

Calentamos la nata y retiramos del fuego antes de que llegue a hervir. Añadimos el chocolate troceado y removemos para que se disuelva por completo. Dejamos enfriar la crema, primero a temperatura ambiente y luego en el frigorífico hasta que tenga cuerpo, siempre dentro de un recipiente hermético (al menos un par de horas). Pasado este tiempo, con una cuchara vamos tomando porciones y dándoles forma de bola. Las dejamos en el congelador al menos una hora antes de iniciar el rebozado.

Batimos los huevos en un plato y vamos pasando las bolas de chocolate por huevo y pan rallado. Volvemos a dejarlas en el congelador y repetimos este proceso de rebozado.

Conservamos las croquetas en el congelador hasta el momento de consumirlas. Calentamos el aceite y las freímos en tandas con cuidado, para que queden doradas por fuera y líquidas por dentro. Las depositamos sobre papel de cocina para que absorba el exceso de grasa y servimos de inmediato.

Nota

Podemos añadir 50 g de azúcar a la nata si las preferimos más dulces.

Macarons de chocolate y caramelo salado

Preparación

Comenzamos haciendo el mazapán. En un robot de cocina ponemos la harina de almendra, el cacao y el azúcar glas y programamos 15 segundos para triturar los ingredientes. Debe quedar un polvo muy fino y no salir nada de grasa. Si no disponemos de robot de cocina, podemos tamizar la mezcla varias veces con un colador, pero el proceso es mucho más lento y laborioso. Una vez hecho este paso, añadimos los 50 g de claras a esta mezcla hasta formar una pasta de mazapán suave y reservamos.

Vamos ahora con el almíbar. En un cazo ponemos el azúcar normal con el agua y hervimos hasta que la temperatura llegue a los 118º C. Si no tenemos termómetro basta con dejar el cazo al fuego un par de minutos desde que el agua llega a ebullición.

Aparte montamos las claras del merengue italiano. Cuando empiecen a espumar, vamos añadiendo el almíbar caliente en un hilo, sin dejar de batir. Cuando esté todo el almíbar incorporado, seguimos batiendo hasta obtener un merengue firme, el llamado pico de loro pues al retirar las varillas se forman picos que se doblan ligeramente. Ahora mezclamos este merengue con el mazapán. Lo hacemos con cuidado, con movimientos envolventes, para que quede bien integrado y alcance el punto de lazo (la masa cae de forma continua formando una especie de lazo).

Ponemos la mezcla en una manga pastelera con boquilla redonda. Forramos varias bandejas de horno con papel vegetal y vamos depositando porciones de masa con la manga perpendicular a la bandeja. Quedará un piquito, que desaparecerá a los pocos segundos. Podemos utilizar una plantilla para que nos salgan perfectamente redondos.

Ingredientes
(36 macarons)

Para el mazapán:
- 50 g de claras de huevo
- 130 g de harina de almendra
- 20 g de cacao puro en polvo
- 150 g de azúcar glas

Para el almíbar:
- 150 g de azúcar normal
- 35 ml de agua

Para el merengue italiano:
- 50 g de claras de huevo

Ganache de chocolate:
- 150 g de chocolate negro
- 150 g de nata para montar (35% de MG)
- 50 g de mantequilla

Ganache de caramelo salado:
- 200 g de azúcar
- 100 g de nata para montar (35% de MG) caliente
- 100 g de mantequilla
- Una pizca de sal

Nota

Pueden congelarse sin problemas, mejor sin relleno.

Dejamos reposar los macarons durante 45 minutos o una hora, hasta que se forme una pequeña costra en su superficie: al tocar la parte superior del macaron no se nos pega al dedo.

Precalentamos el horno a 150º C y horneamos unos 12 minutos. Lo sacamos, dejamos enfriar unos minutos y retiramos del papel de hornear para terminar de enfriar sobre una rejilla. Si están bien horneados deben despegarse perfectamente del papel sin dejar marca.

Preparamos ahora el relleno. Para el ganache de chocolate calentamos la nata y retiramos del fuego antes de que llegue a hervir. Añadimos el chocolate troceado y removemos hasta que se disuelva por completo. Agregamos la mantequilla y volvemos a remover. Dejamos enfriar la crema, primero a temperatura ambiente y luego en el frigorífico.

Para el ganache de caramelo salado ponemos el azúcar en un cazo a fuego medio hasta obtener un caramelo dorado. Añadimos la nata caliente y por último la mantequilla y la sal; cuidado porque al añadir la nata borboteará. Removemos para reducir un poco y dejamos enfriar antes de usar.

Ponemos una cucharada de salsa de caramelo en el centro de cada macaron y con una manga pastelera distribuimos el ganache de chocolate alrededor. Tapamos con otra concha y reservamos en la nevera hasta su consumo.

BÉTISES
DE
CAMBRAI

Caramelos blandos de chocolate

Ponemos a calentar la nata con la sal. Retiramos del fuego, añadimos el chocolate troceado y removemos hasta que esté totalmente disuelto. Reservamos.

En otro cazo ponemos el azúcar y la glucosa, calentamos y llevamos hasta una temperatura de 150º C. Retiramos del fuego, añadimos la crema de chocolate (cuidado porque borboteará), removemos y calentamos sin dejar de mover a fuego medio hasta que alcance los 120º C. Por último, fuera del fuego, agregamos la mantequilla y removemos bien.

Untamos una bandeja pequeña con mantequilla y vertemos el caramelo de chocolate. Dejamos enfriar a temperatura ambiente y luego en el frigorífico. Entonces cortamos en porciones, envolvemos en papel film y conservamos en la nevera.

Ingredientes
(para 36 unidades)

- 200 ml de nata para montar (35% de MG)
- Una pizca de sal
- 75 g de chocolate negro (75% de cacao) troceado
- 150 g de azúcar
- 150 g de glucosa
- 1 cucharada de mantequilla

Éclairs con cobertura de chocolate blanco

Preparación

Comenzamos preparando la crema pastelera. Ponemos a hervir 400 ml de leche con el azúcar y la vainilla. Mientras, mezclamos la maicena con la leche restante (100 ml). Batimos las yemas y las añadimos a la leche y la maicena que hemos reservado. Agregamos ahora la leche hervida (recordad retirar antes la vaina de vainilla) removiendo sin cesar y volvemos a llevar al fuego (medio). Seguimos removiendo la mezcla de manera continua hasta que espese a nuestro gusto; al enfriar espesará más. Dejamos enfriar y, para que no se forme costra, untamos la superficie con un poco de mantequilla y lo cubrimos con papel film.

Seguimos preparando la pasta choux. Debemos tener en mente que queremos una masa algo más dura que cuando preparamos profiteroles, ya que los éclairs deben mantener la forma perfectamente, sin aplanarse al escudillarlos o nos quedarán deformes. Precalentamos el horno a 150º C y forramos una bandeja de horno con papel vegetal. Pesamos y preparamos todos los ingredientes que vamos a utilizar.

Ponemos la leche y el agua al fuego, añadimos la mantequilla, la sal y el azúcar y calentamos a fuego vivo hasta que se disuelva la mantequilla, sin que llegue a hervir. Una vez disuelta, llevamos la mezcla a ebullición. Retiramos del fuego, añadimos la harina de golpe y mezclamos con una espátula hasta que no veamos harina seca. Lo ponemos de nuevo a fuego medio-alto para que se seque la masa y removemos sin cesar hasta que ya no se pegue a la cacerola ni a la espátula, un minuto aproximadamente. Pasamos la masa caliente a otro bol, añadimos $^2/_3$ del huevo batido y mezclamos bien. Observamos la masa: debe caer de la espátula pero muy lentamente, a trozos. Es mejor que esté seca a que quede demasiado húmeda. Añadimos la cantidad de huevo que consideremos necesaria (si es la primera

Ingredientes
(para 6 éclairs)

Pasta choux:
- 80 ml de leche
- 80 ml de agua
- 70 g de mantequilla
- Una pizca de sal
- 10 g de azúcar
- 100 g de harina
- 2 huevos medianos batidos

Para la crema pastelera (sobrará):
- 3 yemas de huevo
- 500 ml de leche
- 150 g de azúcar
- 30 g de maicena
- 1 vaina de vainilla

Para el glaseado:
- 100 g de chocolate blanco
- 10 g de manteca de cacao

Decoración (opcional)
- Tinta comestible negra
- Sellos

vez que haces la receta y no tienes experiencia, añade el huevo restante sin más) y mezclamos bien de nuevo. Obtendremos una masa homogénea y brillante.

Transferimos la masa a una manga pastelera con boquilla redonda lisa de unos 2 cm. Sobre la placa de horno, con la manga en un ángulo de 45º y presionando uniformemente para que salga la misma cantidad de masa, formamos una tira de masa de unos 10-15 cm de largo. Si la masa está bien hecha, deberá mantener perfectamente la forma, sin venirse abajo. Cortamos la masa con un cuchillo de hoja lisa (en caso de necesidad, alisamos los éclairs con el dedo usando un poco de agua) y seguimos escudillando la masa hasta formar todos los éclairs, separados unos de otros ya que crecerán al hornearse.

Horneamos durante 45-50 minutos. Apagamos el horno y los dejamos dentro con la puerta abierta otros 10 minutos, para que terminen de secarse; si no estamos seguros de que estén secos, podemos sacar uno del horno y abrirlo para comprobarlo. Retiramos del horno y dejamos enfriar.

Perforamos la base de los éclairs en tres puntos distintos y rellenamos de crema pastelera. Fundimos el chocolate blanco en el microondas con la manteca de cacao, programando de 30 en 30 segundos. Bañamos los éclairs en el glaseado de chocolate, escurrimos el sobrante y pasamos el dedo alrededor para eliminar el exceso e igualar los bordes. Dejamos solidificar en el frigorífico.

Finalmente, si lo deseamos, decoramos usando un sello y tinta negra comestible. Yo utilicé una almohadilla sin tinta, la embadurné con colorante negro en gel y presioné el sello. Antes de imprimir sobre los éclairs os recomiendo hacer varias pruebas en papel. Conservamos en el frigorífico hasta el momento de servir, aunque lo mejor es consumirlos una vez rellenos.

Polvorones de chocolate

Ingredientes

(para unas 12 unidades)

- 300 g de harina tostada y fría
- 50 g de almendras molidas tostadas y frías
- 30 g de cacao puro en polvo
- 100 g de azúcar glas
- Una pizca de canela
- 125 g de manteca de cerdo ibérico a temperatura ambiente

Para el baño de chocolate:
- 250 g de chocolate blanco troceado
- 30 g de manteca de cacao (opcional)
- Transfer para chocolate (opcional)

Notas

Si lo preferimos, podemos hacer varios rulos de masa y cortarlos en rodajas con un cuchillo, ya que es una masa terrosa y algo difícil de manejar.

No derritáis la manteca de cerdo o los polvorones tendrán un fuerte sabor a cerdo. Se trata simplemente de sacarla del frigorífico el día anterior, para que esté blandita cuando la vayamos a usar.

Preparación

Para tostar la harina y las almendras basta con ponerlas mezcladas en una bandeja de horno unos 30 minutos en el horno precalentado a 120º C e ir removiendo de vez en cuando para que se doren de forma uniforme. Retiramos del horno y dejamos enfriar hasta el día siguiente.

Mezclamos todos los ingredientes de los polvorones en un bol con las manos. Hacemos dos o tres porciones, las aplastamos ligeramente dándoles forma de torta, las envolvemos en papel film y las mantenemos en el frigorífico una hora.

Precalentamos el horno a 180º C. Forramos una bandeja de horno con papel vegetal, sacamos la masa del frigorífico, la aplastamos un poco más con ayuda de un rodillo hasta dejarla de un grosor de 1,5 cm aproximadamente y cortamos con un cortapastas redondo pequeñito o con un vaso de vino. Vamos depositando los polvorones separados en la bandeja. Horneamos unos 10 minutos y los sacamos. Cuando estén fríos, los retiramos con cuidado con una espátula.

Fundimos el chocolate blanco con la manteca de cacao. A continuación bañamos con cuidado cada polvorón y lo depositamos sobre una bandeja forrada con papel vegetal. Podemos decorar poniendo una lámina de transfer sobre cada polvorón bañado en chocolate. Cuando el chocolate solidifique, retiramos la lámina de transfer y servimos.

Chocotacos

En un bol batimos el huevo y la clara con el azúcar y la sal durante uno o dos minutos, hasta que la mezcla blanquee. Añadimos entonces la vainilla, la harina y la mantequilla y mezclamos hasta integrar.

Precalentamos la máquina para barquillos. Vertemos un par de cucharadas de masa en el centro de la máquina, la cerramos y esperamos 2-3 minutos hasta que el barquillo esté cocinado a nuestro gusto. Rápidamente sacamos la oblea, la cortamos con un cortador redondo o unas tijeras y le damos forma de taco, presionándolo contra un rodillo, el lomo de un libro o una cajita pequeña. Repetimos el proceso y dejamos enfriar los tacos.

Mientras los barquillos se enfrían preparamos el helado de chocolate blanco. Ponemos en un cazo la leche, la nata y el azúcar hasta que llegue a ebullición. Retiramos del fuego, agregamos el chocolate troceado y removemos hasta que esté disuelto.

Aparte, batimos muy bien las 3 yemas de huevo. Vertemos la mezcla de chocolate caliente sobre las yemas, poco a poco y sin parar de remover para que no cuaje. Así conseguimos que se atemperen las yemas. Volvemos a llevar la mezcla al fuego y removemos sin cesar hasta que espese ligeramente. Para encontrar el punto exacto, cubrimos el dorso de una cuchara y si al pasar el dedo queda la marca es que ya está. Dejamos enfriar y guardamos la mezcla en un recipiente hermético en el frigorífico hasta el día siguiente.

Mantecamos el helado en una máquina heladora según las instrucciones del fabricante. Alternativamente, podemos introducir la mezcla en el congelador dentro de un recipiente hermético. Durante las 2 o 3 primeras horas de congelación, la sacaremos cada media hora y batiremos con un tenedor o batidor de varillas.

Ingredientes
(para 6 tacos)

- 1 huevo
- 1 clara de huevo
- Una pizca de sal
- 115 g de azúcar
- 65 g de harina
- 2 cucharadas de mantequilla fundida
- $^{1}/_{2}$ cucharadita de vainilla en polvo
- 500 ml de helado de chocolate blanco
- 250 g de chocolate negro
- 50 g de manteca de cacao (opcional)
- 100 g de avellanas picadas

Ingredientes para el helado de chocolate blanco:
- 250 ml de leche
- 250 ml de nata para montar (35% de MG)
- 100 g de azúcar
- 150 g de chocolate blanco troceado
- 3 yemas de huevo

Equipamiento:
- Máquina para hacer barquillos

Ahora, una vez que los barquillos están fríos y el helado preparado, procedemos a montar los chocotacos. Fundimos un poco de chocolate y recubrimos el interior de los tacos, de esta manera evitaremos que el helado los ablande si vamos a conservarlos una temporada en el congelador. Dejamos solidificar el chocolate; puede acelerarse el proceso en el congelador o la nevera. Con una cuchara rellenamos los tacos con el helado y volvemos a llevar al congelador.

Fundimos el resto del chocolate con la manteca y lo ponemos en un bol. En otro plato colocamos las avellanas picadas. De inmediato rebozamos el borde de cada taco en chocolate y lo pasamos rápidamente por las avellanas. Llevamos al congelador hasta que se solidifique el chocolate. Entonces envolvemos cada taco en papel film y dejamos en el congelador hasta su consumo.

Nota

Si el helado no lo vamos a usar inmediatamente, lo podemos conservar en el congelador. Para ello tapamos el helado con papel sulfurizado o film plástico y guardamos en el congelador un mínimo de 24 horas.

Nubes bañadas en chocolate

Ingredientes

(para un molde de 20×30 cm)

- 250 ml de agua
- 20 g de gelatina neutra en polvo (también sirve gelatina en láminas; son 12 láminas aprox.)
- 1 vaina de vainilla
- 400 g de azúcar

Para rebozar:
- Una mezcla a partes iguales de azúcar glas y maicena

Para bañar en chocolate:
- 250 g de chocolate (55% de cacao) troceado
- 30 g de manteca de cacao

Preparación

Hidratamos la gelatina poniéndola en un bol junto con 125 ml de agua; tarda unos 5 minutos en estar lista. Aparte, disponemos en un cazo los 125 ml restantes de agua con el azúcar y la vaina de vainilla, llevamos a ebullición y retiramos del fuego.

Mezclamos el contenido del cazo con la gelatina hidratada, agua incluida, removemos y volvemos a llevar al fuego, donde lo mantendremos sin parar de remover hasta que hierva. Apartamos del fuego, retiramos la vaina de vainilla, la abrimos por la mitad con un cuchillo y sacamos las semillas, que añadiremos a la mezcla. Removemos de nuevo y retiramos con una espumadera la espuma blanca que se forma en la parte superior de la gelatina.

Pasamos la mezcla a un cuenco amplio y la dejamos reposar a temperatura ambiente hasta que esté templada: al introducir un dedo en la mezcla no se nota ni frío ni calor; tarda una hora más o menos. En este momento la gelatina empieza a cuajar y parece clara de huevo. Mientras, untamos una bandeja de 22×30 cm aproximadamente con mantequilla.

Cuando la mezcla esté templada, con un batidor de varillas eléctrico la batimos a máxima velocidad durante 10 minutos. Enseguida la gelatina cambiará de color, se volverá blanca y empezará a montar como si fuese un merengue. Vertemos la mezcla sobre la bandeja y alisamos la superficie con una espátula. Espolvoreamos la superficie de la mezcla con azúcar glas y maicena a partes iguales. Las nubes son muy pegajosas; esto evitará que se seque la superficie y ayudará a cortarlas sin que se peguen al cuchillo o al cortador. Dejamos reposar a temperatura ambiente hasta que la mezcla esté cuajada, unas cuatro horas. Cortamos con un cuchillo afilado en cuadraditos o con un cortador de galletas; en ambos casos espolvoreados con un poco de azúcar glas y maicena para que no se peguen las nubes.

Fundimos el chocolate y la manteca y bañamos las nubes. Las dejamos sobre papel de hornear hasta que solidifiquen. Guardamos en una bolsa hermética hasta que vayamos a consumirlas.

Moon cakes de chocolate y almendra

Comenzamos preparando la masa exterior. En un cuenco mezclamos el golden syrup y el aceite. Añadimos la harina y mezclamos hasta integrar. Amasamos para formar una bola y dejamos reposar a temperatura ambiente unos 30 minutos, tapado con papel film para que no se seque.

Mientras reposa la masa preparamos el relleno. En un bol disponemos todos los ingredientes y mezclamos con la mano. Dividimos en 7 porciones de igual tamaño (unos 60 g) y damos forma de bola a cada una de ellas. Dejamos a temperatura ambiente tapadas con papel film para que no se seque el relleno.

Precalentamos el horno a 180º C. Dividimos la masa exterior en 7 porciones iguales, les damos forma de bola y las aplastamos con la palma de la mano hasta formar un círculo.

Ponemos una bola de relleno dentro del círculo de masa y vamos estirando la masa exterior para cubrir totalmente el relleno. Una vez cubierto, damos de nuevo forma de bola entre las manos; esto nos servirá para alisar la masa y eliminar las posibles grietas que hayan podido producirse. Una vez listas todas las bolas, las enharinamos ligeramente y les damos forma con el molde: basta con poner la bola de masa en la encimera, colocar encima el molde y presionar hacia abajo.

Colocamos todos los moon cakes en una bandeja de horno forrada con papel vegetal. Horneamos unos 10 minutos, retiramos y dejamos reposar unos 15 minutos sin apagar el horno. Con un pincel blando y con cuidado, damos un baño de huevo a la parte superior de los moon cakes y horneamos otros 10 minutos hasta que estén dorados.

Retiramos del horno y dejamos enfriar sobre una rejilla. Pueden conservarse en un recipiente hermético durante un par de semanas.

Ingredientes
(para 7 moon cakes de 100 g)

Para la masa:
- 150 g de harina normal
- 90 g de golden syrup
- 40 g de aceite de girasol o aceite de cacahuete

Para el relleno:
- 200 g de almendra molida
- 150 g de azúcar glas
- 45 ml de agua
- 2 cucharadas de cacao puro en polvo (30 g)

Para el baño de huevo:
- 1 yema de huevo batida con una cucharada de agua

Nota

El Golden Syrup es un sirope espeso de color dorado, similar a la miel, que es el resultado del proceso de refinado del azúcar de caña. Puedes encontrarlo en tiendas de repostería como Enjuliana.com o www.megasilvita.com, y en algunos supermercados o tiendas gourmet.

Falso huevo poché

Pelamos el mango, desechamos el hueso, lo troceamos y lo trituramos con la batidora hasta que quede bien fino y sin grumos. Si queda demasiado espeso, para simular la "yema" añadimos un par de cucharadas de agua. Introducimos el puré de mango en un biberón y lo repartimos en moldes redondeados (de hielo, cake pops...). Conservamos en el congelador hasta que esté congelado (1-2 horas o hasta que vayamos a seguir con la receta). Mientras, preparamos la pannacotta de vainilla. Disponemos la gelatina en un cuenco con agua para que se hidrate. En un cazo juntamos la nata, el azúcar y la vaina de vainilla y llevamos a ebullición. Apartamos del fuego, dejamos reposar 5 minutos, retiramos la vaina de vainilla y agregamos la gelatina con el agua que habíamos reservado; la gelatina habrá absorbido todo el agua. Removemos hasta disolver y dejamos reposar hasta que esté a temperatura ambiente pero que no haya empezado a cuajar. Con un embudo vertemos la mezcla de pannacotta en un biberón de cocina y la repartimos en moldes de huevo, sin llegar a llenarlos del todo; tenemos que poner la "yema" dentro del molde. Para facilitar el desmoldado es preferible que sean moldes de silicona.

Desmoldamos las "yemas" congeladas y colocamos una en cada molde de huevo con la parte lisa hacia fuera. Por densidad, la yema flota en la mezcla de nata y gelatina y además apenas se mueve, por lo que podemos elegir a qué altura del huevo la colocaremos. Llevamos los moldes al congelador hasta que se congele la mezcla, al menos un par de horas o hasta que vayamos a proseguir con la receta.

Desmoldamos y pegamos las dos mitades de cada huevo simplemente colocándolas juntas. Alisamos los bordes del huevo que hayan podido quedar irregulares con el calor de las manos y volvemos a introducir los huevos en el congelador al menos 1 hora; pasado ese tiempo proseguimos con la receta.

Ingredientes
(para 8 huevos)

Para la yema:
- 1 mango
- Moldes de cubito de hielo redondeados o de cake pops

Para la clara:
- 8 g de gelatina en polvo
- 50 g de agua
- 350 g nata para montar (mínimo 35% de MG)
- 1 vaina de vainilla
- 150 g de azúcar
- Molde de huevos (preferiblemente de unos 7 cm)

Para la cáscara:
- 200 g de chocolate blanco troceado
- 100 g de chocolate con leche troceado
- 30 g de manteca de cacao (opcional)
- Colorante alimentario marrón (opcional)

Fundimos el chocolate con la manteca de cacao y atemperamos. Pinchamos los huevos en un palillo —mejor en la parte de atrás, para que no se vea mucho— y los bañamos en el chocolate fundido. Como el huevo está congelado, el chocolate solidifica enseguida. Retiramos con cuidado el palillo y dejamos los huevos en el frigorífico hasta el momento de servir. Deben pasar unas horas (o hasta el día siguiente); así nos aseguramos de que tanto la yema como la clara ya no están congeladas y tienen la textura adecuada para servir.

Podemos manchar la "cáscara" de los huevos para un acabado más real. Para ello diluimos un poco de colorante marrón en agua (1 gotita de ambos), untamos un cepillo de dientes que solo usamos para estos menesteres —es una técnica que se usa para decorar macarons— con la mezcla y pasamos el dedo por las cerdas para que salpique de manchitas el huevo.

Nota

Esta receta está inspirada en el falso huevo poché del chef Diego Guerrero.

Índice de recetas

Índice de ingredientes

Bibliografía y fuentes

Bau, Frédéric., *Au coeur des saveurs,* ed. Celesa, 1997. ISBN: 9788472120662.
   [Hay trad. cast.: *Au coeur des saveurs,* ed. Montagud Editores, 1998. ISBN: 9788472120747]
Bau, Frédéric., *Enciclopedia del chocolate,* ed. Blume, 2013. ISBN: 9788480769594.
Bertinet, Richard, *Crust,* ed. Kyle Cathie, 2012. ISBN: 9781906868819. [Hay trad. cast. *Crujientes,* ed. Blume, 2014. ISBN: 9788480769143]
Felder, Christophe, *Chocolate,* ed. Editorial Everest, 2014. ISBN: 9788444121918
Felder, Christophe, *Repostería,* ed. Editorial Everest, 2012. ISBN: 9788444121413
Hermé, Pierre, *Le Larousse du chocolat,* ed. Larousse, 2009. ISBN: 9782035844170
Hermé, Pierre, *Macarons,* ed. Grub Street, 2011. ISBN: 9781908117236
Le Cordon Bleu, *Chocolate,* ed. Blume, 2012. ISBN: 9788480768900
Magnier-Moreno, Marianne, *Éclairs,* ed. Cute, 2013. ISBN: 9789872729752
Thermomix, *Repostería y pastelería,* ed. Thermomix, 2010. ISBN: 9788461344659

Cursos

Curso de Chocolate y Pastelería artística, ESAH
Curso básico de Chocolate Escuela Internacional de Cocina de Valladolid

Webs

www.chocolatisimo.com
www.marthastewart.com
www.pepinho.com
https://www.stjohngroup.uk.com/bakery/
http://lastentacionesdelossantos.blogspot.com.es

Agradecimientos

Yo soy muy de dar las gracias, y aun así esta parte del libro es la que más me cuesta escribir. No quiero olvidarme de nadie, y lo cierto es que al final siempre tengo que dejar gente fuera por problemas de espacio. Pero aunque no estéis mencionados específicamente, si habéis tenido algo que ver con este libro, ¡mil gracias de este corazón que choco-late!

A mis hijos, que son mi chocolate cuando no hay chocolate. Gracias por alegrarme la vida. A mi marido y a mi familia, muchas gracias por vuestro apoyo siempre, pase lo que pase. Porque siempre sois vosotros los que os compráis la mitad de cada una de las ediciones de mis libros; por las veces que a lo largo de mis años de aprendizaje *cocineril* os ha tocado comeros algo que no era comestible. ¿Veis como no era para tanto y habéis sobrevivido?

A mis profesoras del curso de chocolate y pastelería en ESAH y al profesor Nacho González de la Escuela internacional de cocina de Valladolid por enseñarme tanto y responder pacientemente a mis dudas sobre el chocolate.

A mis compañeros blogueros y periodistas gastronómicos, que siguen apoyándome, ayudándome y enseñándome cada día, y que son mi inspiración: Mikel L. Iturriaga, Bea Roque, Carlos Dube, Su de *Webos Fritos*, Pepacooks, Bea de *Recetasymas*, David Monaguillo, Carlos Román Alcaide, Alfonso de *Recetas de Rechupete*, Jesús de *El Aderezo*, Mar y Javier de *Gastronomía y cía*, Carlos G. Cano, Ivana de *Cupcakes a Diario*, Penny de *El rincón de la mariposa*, Encarna Herrera, Alicia de *Recetario canecositas*, Atina, María José de *Pasen y degusten*, Falsarius chef, María de *Los blogs de María*, Espe Saavedra, *Las recetas de MJ*, Silvia de *Mi Dulce Tentación*, Silvia de *Food and Cook*, Jackie Rueda, Marga Morguix, Bea Cano de *Enjuliana* y Morgana de *La Tartienda*. Especialmente gracias a Esther, de *Chocolatísimo*, que comparte toda su sabiduría chocolatera desde hace años en su blog y de la que he aprendido tanto.

Gracias a Mónica Escudero que me inspira dentro y fuera de la cocina, porque hace unos años me dio la idea para la receta de la portada de este libro. *Your (w)hole rules!*

A Isabel de *Aliter Dulcia* que hace los macarons más perfectos del mundo, por su ayuda para perfeccionar los míos. Eres buena y lo sabes.

A mis compañeros de trabajo: Begoña, José Carlos, José Luis, Toñi, María Jesús, Araceli, Aquilino, Coral, Pepa, Rosa, Presen y en general a todo el claustro y a mis alumnos del IES Arca Real. Ellos han sido en gran medida el banco de pruebas para las recetas de este libro y me han ayudado a seleccionar las mejores. Si alguna receta no os gusta la culpa es suya, sin duda.

A Diana Acero, por estar siempre ahí, y por ofrecerme hacer este libro tan chulo. Y eso que es una de esas personas que se equivoca porque no le gusta el chocolate.

Como siempre, el agradecimiento más importante es para mis lectores que son la razón de ser de *La receta de la felicidad* y de este libro. Nuevamente gracias por vuestro apoyo y por estar ahí, porque sin vosotros esto no sería posible. Menciono especialmente a unos cuantos a los que tengo especial cariño porque siempre me animan con sus comentarios: Verónica Serrano, Mariona Rucabado, Miriam Segú, Xenia Roca, Espe Hernández y María García D. Victoria.

Y finalmente a todos los Oompa Loompas que saben que, no importa cuál sea la pregunta, el chocolate siempre es la respuesta.